VDM La Totale

VDM La Totale

Privé

INTRODUCTION À LA VIE DE MERDE

Il n'y a pas de règle scientifique : une bonne VDM, c'est celle qui fait rigoler tout le monde. Vous allez en découvrir ici des centaines, avec parfois même la suite racontée par le courageux survivant. Vous aurez un peu peur aussi, parce que vous vous apercevrez que certaines mésaventures peuvent à tout instant vous arriver également. Ne nous le cachons pas, on a tous une VDM à un moment ou à un autre. C'est la vie quoi. Mieux vaut en rire, ce livre est fait pour ça.

LA JEUNESSE

1. LA NAISSANCE

Aujourd'hui, je suis en stage en maternité en tant qu'élève aide-soignante. Une patiente qui avait depuis peu une montée de lait m'a demandé si je pouvais goûter son lait avant qu'elle donne le sein à son bébé pour être sûre qu'il soit bon pour sa santé. VDM

Aujourd'hui, alors que je fais un gâteau avec ma fille de cinq ans, elle casse un œuf. Elle me demande pourquoi il n'y a pas de poussin dedans. Je lui explique que la poule doit couver l'œuf pour que son bébé naisse. Elle prend alors un œuf dans le frigo, le met sur la chaise, et s'assoit dessus. VDM

Aujourd'hui, j'apprends que je suis papa ! Enfin, que je l'étais. Il y a trois ans. Mais ma copine a préféré avorter en cachette sans me faire part de sa grossesse. Comment je l'ai appris ? Oh, via son compte Doctissimo. VDM

Aujourd'hui, en prévision de l'accouchement de ma femme dans quelques semaines, je me suis entraîné à foncer à toute allure à la maternité. Pas de problème : je peux le faire en huit minutes chronomètre en main. Problème : je me suis fait arrêter et j'ai perdu mon permis. VDM

Aujourd'hui, je rentre de la maternité avec mes jumeaux. Généreuse, mon aînée de trois ans propose d'en donner un à ma tante sans enfant, "comme on l'a en double". VDM

Aujourd'hui, je me suis enfin offert LA voiture familiale de mes rêves, neuve, toutes options, tout confort. Ma femme a tenu à en ajouter une très rare, l'option *Titanic* 3D avec la perte des eaux sur le siège arrière lors de notre trajet vers la maternité. Ça y est, ça envahit le compartiment avant. VDM

Aujourd'hui, en rentrant de la maternité avec ma petite Lola, née il y a cinq jours, j'entends un hurlement dans l'escalier : "Lola ! Nooon ! Pas pipi dans les plantes vertes !" Ma concierge vient d'adopter un chiot de trois mois et l'a également appelé Lola. VDM

Aujourd'hui, je perds les eaux. Mon mari m'emmène à la maternité, à quarante-cinq minutes de chez nous. Sur place, il demande à la sage-femme combien de temps va prendre l'accouchement. "Pour un premier, six à dix heures." Il est rentré à la maison chercher sa DS... et a raté la naissance de son fils, une heure plus tard. VDM

Aujourd'hui, enceinte de huit mois, je perds les eaux et fonce à l'hôpital. Je suis devenue la mascotte du service maternité, étant la première femme depuis 1983 à avoir confondu liquide amniotique et urine. VDM

Aujourd'hui, cela fait une semaine que je suis rentrée de la maternité avec ma fille. C'est formidable, la petite fait déjà des nuits complètes sans se réveiller. Des nuits de 9 heures à 18 heures. VDM

Aujourd'hui, et depuis toujours, je m'appelle Laudine. Prénom exotique ou porté par une grand-mère décédée ? Non, c'est juste qu'à ma naissance mes parents n'ont pas été capables de se mettre d'accord. L'un voulait m'appeler Laura et l'autre, Amandine. VDM

VDM COMMENTÉE

Aujourd'hui, j'ai perdu les eaux. Sous le coup de la panique, mon mari m'a emmenée à la clinique vétérinaire. VDM

- Et encore, il aurait pu t'emmener à l'aquarium en voyant que tu étais en train de perdre les eaux…
  par hemiacetal
- C'était ta première portée ?
  par ThomasLaMafia
- C'est encore lui qui sait le mieux ce qu'il t'a mis dans le ventre…
  par traviole
- Il te prend pour une chienne ou pour une cochonne ? Oo
  par CrazyFunPiano
- Oh la vache cette VDM !
  par ldemontpelli

Aujourd'hui, naissance dans la famille. Tout le monde rivalise de questions sur l'avenir du nouveau-né... Médecin ? Avocat ? Scientifique ? Non, la plus importante est de savoir s'il sera supporter de Lille ou de Lens. VDM

Aujourd'hui, et depuis la naissance de notre fils, ma femme fait une dépression postpartum. Elle a fondu en larmes en faisant la vaisselle parce que les traces de sauce dans la casserole lui ont fait penser à ses vergetures. VDM

Aujourd'hui, je me suis servi d'un vieux journal comme support pour la peinture. Depuis, ma femme ne m'adresse plus la parole. C'était le journal paru le jour de la naissance de notre fille. VDM

Aujourd'hui, j'ai assisté à l'accouchement de ma femme dans un lit d'hôpital à côté d'elle : je me suis cassé la jambe en me précipitant pour réussir à assister à la naissance de notre fille. VDM

Aujourd'hui, moment merveilleux, je suis papa. C'est en me voyant attendri devant le bout de chou que ma femme, tout émue, me lance : "J'espère que tu pourras l'aimer comme si c'était le tien." Ah. VDM

Aujourd'hui, ma femme est en plein *baby blues* depuis la naissance de notre fille la semaine dernière. Juste après avoir appelé mon bébé "mon petit hérisson", nous en avons croisé un, mort, sur la route. Elle a été inconsolable pendant quarante minutes. VDM

Aujourd'hui, je suis interne en médecine. J'ai toujours travaillé en gériatrie et, depuis quelques jours, je me retrouve dans la section obstétrique et m'occupe des nouveau-nés. Au moment fatidique, mon titulaire me demande de prononcer une naissance. Par habitude : "Heure du décès : 15 h 40." VDM

Aujourd'hui, j'ai vu pour la première fois la vidéo de ma naissance. Tout y est : mes hurlements, l'émotion de ma mère et mon père qui vomit à l'arrière-plan. VDM

Aujourd'hui, après mon accouchement, mon chéri a absolument voulu récupérer la blouse donnée à l'hôpital. Pas pour garder un souvenir émouvant, mais pour avoir une tenue parfaite pour faire la peinture de notre maison. VDM

VDM COMMENTÉE

Aujourd'hui, mes parents m'ont confié que j'ai été conçu et suis né pour divertir mon frère. Je pense que je viens de trouver le sens de ma vie. VDM

- Ça veut dire que t'es divertissant !
  par 7mood75
- Est-ce qu'ils t'enferment sous l'escalier la nuit ? "Georges, range tes jouets et remets ton frère dans sa cage..."
  par BoyFromTheFuture
- Dégage de VDM et va un peu divertir ton frère, feignasse.
  par yagurlteeteexoxo

Aujourd'hui, après que j'ai passé neuf mois à la chouchouter, ma femme vient d'accoucher de notre fille. Mon meilleur ami, en la voyant, s'est exclamé : "Elle est vraiment née dans une rose, celle-là !" Ma femme a une rose tatouée sur le pubis. VDM

Aujourd'hui, je suis sage-femme et je demande le prénom de son bébé à une patiente qui vient d'accoucher. Elle me lance : "Oh, je n'en ai pas trouvé. Tiens, comment vous vous appelez, vous ?!" Je lui réponds que je m'appelle Anaëlle. "Ah bah... Je vais continuer à réfléchir, alors." VDM

Aujourd'hui, étudiante sage-femme, je demande à ma patiente enceinte de se peser. Elle monte sur la balance et me demande : "Mais là, c'est mon poids avec ou sans le bébé ?" VDM

Aujourd'hui, mon épouse a accouché et la sage-femme m'a proposé de couper le cordon ombilical. Je ne sais toujours pas si c'est l'émotion ou la vue du placenta dégoulinant, mais j'ai vomi sur ma fille. La paternité commence bien. VDM

TESTICULE 1.
COMPARTIMENT 43227.
1.48 AM.
CHERS JEUNES TROUFIONS !!
OUI, COMME VOUS LE SAVEZ, LES PERMS ONT ÉTÉ ANNULÉES POUR UNE DURÉE INDÉTERMINÉE.
MAIS...
MAIS LA SIMPLE RAISON EN EST QU'ON ATTEND LE MEILLEUR DE VOUS, MISÉRABLES DÉCHETS PUTRIDES, LARVES INFÂMES, DÉBRIS DÉRISOIRES, RACLURES DE RACLETTE, ET PAS AUTRE CHOSE !!!!

1 ÈRE SEMAINE.
ALORS FINI DE SE CARESSER LA NOUILLE !
JE VEUX, J'EXIGE ...
... DE LA TESTOSTÉRONE QUI SUINTE COMME UN BAC À FRITES SOUS AMPHÉTAMINES, DES MUSCLES AUSSI GONFLÉS QUE MA FACTURE D'ÉLECTRICITÉ LE MOIS DE DÉCEMBRE !!!!!
JE VEUX DE LA HARGNE SURSATURÉE DE BELLICISME AVEUGLE !!
JE VEUX VOUS VOIR TRANSPIRER COMME DES PHOQUES EN ROBE DE CHAMBRE DANS UN SAUNA SLOVÈNE !!

7ÈME SEMAINE.

11ÈME SEMAINE.
AUJOURD'HUI, BANDE DE DÉGÉNÉRÉS NON GÉNÉREUX NIVEAU MATIÈRE GRISE, L'EXERCICE VA CONSISTER À ...
CHA...
...CHAPITEAU !
... COMME VOUS VENEZ DE L'ENTENDRE, LE TEMPS EST VENU ...
FORMATION EN RANGS SERRÉS !!
AH OUI, J'AVAIS OUBLIÉ UN DÉTAIL À PROPOS DE TOUT ÇA.
À LA FIN...
...IL NE POURRA EN RESTER QU'UN.
BATAILLE SÉMINALE LÉGÈREMENT VIOLENTE.

J'ARRIVE, MON TRÉSOR... MA LUMIÈRE.
JE SUIS L'ÉLU. CELUI QUE TU ATTENDAIS.
LE SEUL. L'UNIQUE.
NOUS ALLONS FUSIONNER ET PERPÉTUER DANS LA TENDRESSE ABSOLUE LE MIRACLE DE LA VIE...

Aujourd'hui, comme tous les jours depuis plusieurs semaines, mon mari refuse de faire l'amour. La raison ? Nous avons décidé d'avoir un enfant et il affirme qu'en attendant, il y aura plus de compétition entre les spermatozoïdes, et donc un meilleur résultat. VDM

Aujourd'hui, cela fait cinq mois que je suis maman. J'ai pris le réflexe de goûter d'un doigt la nourriture de mon petit bout avant de la lui donner. J'ai eu le même réflexe, mais en changeant la couche qu'il venait de remplir copieusement. VDM

Aujourd'hui, à 2 heures du matin, j'ai perdu les eaux. J'ai demandé à ma mère de venir garder notre fils pendant que je me rendais à l'hôpital en urgence avec mon mari. Après une batterie de tests, il s'avère que je m'étais juste fait pipi dessus pendant mon sommeil. VDM

Aujourd'hui, un mec assez beau gosse m'a fait des avances. J'aurais été flattée s'il ne s'agissait pas du mari d'une femme que j'étais en train d'accoucher. VDM

Aujourd'hui, ma mère m'a envoyé un texto m'avertissant qu'elle était en train d'accoucher. Je ne savais pas qu'elle était enceinte. Apparemment elle est même fiancée. VDM

Aujourd'hui, j'ai accueilli ma sœur chez moi pour les dernières semaines de sa grossesse difficile. Je ne savais pas qu'elle débarquerait avec ses deux chiens, son mari, son fils et une piscine gonflable afin qu'elle puisse avoir un accouchement naturel dans l'eau au milieu de mon salon. VDM

Aujourd'hui, j'ai accouché de mon premier enfant. J'ai dû attendre que mon mari finisse son raid sur World of Warcraft avant qu'il daigne me conduire à l'hôpital. VDM

Aujourd'hui, ma fille a donné naissance à des jumeaux. Elle les a appelés Peregrin Took et Meriadoc Brandybuck. Mes premiers petits-fils auront donc des noms de Hobbits. VDM

Aujourd'hui, ma copine a donné naissance à notre premier enfant. Une des infirmières était une de mes ex, un coup d'un soir. Et, oui, elle l'a bien fait remarquer. VDM

QUELQU'UN REPRENDRA-T-IL DE CES SUCCULENTES SAUCISSES SUAVES DE SUÈDE POUR LE DIGESTIF ?
CHÉRI, N'INSISTE PAS, TU VOIS BIEN QU'ILS N'ONT PLUS FAIM.
mao?
mrrraou?
GGNNNNNN...
mmrraou!?
mmmka!!
glllllppplllgggllleeeee...
OH MON DIEU... MAIS JE SUIS EN TRAIN DE PERDRE LES EAUX...
mihou
OH MON CHÉRI... C'EST SI...
OUÉ!! J'VAIS AVOIR UN P'TIT FRÈRE!!
DAMNED, LES CONTRACTIONS SONT DE PLUS EN PLUS FORTES!!

Aujourd'hui, j'ai présenté ma copine à mes parents. Après le repas, mon père a fourré le chat sous sa chemise, prétendant ensuite lui donner naissance. Avec les bruitages et tout. VDM

Aujourd'hui, ça fait une semaine que j'ai emménagé avec ma copine. Je découvre que chaque fois qu'elle va faire popo, elle mime un accouchement en hurlant à l'hystérie. VDM

Aujourd'hui, j'ai perdu les eaux une semaine avant terme. Mon mari était au travail, à quatre heures de route, et ma sœur a refusé de m'amener à l'hôpital à moins que je ne lui rembourse immédiatement une dette de 1 000 euros. J'ai dû appeler le SAMU et pratiquement accoucher dans la cuisine. VDM

Aujourd'hui, j'ai annoncé à mes étudiants que je serai absent demain car ma femme allait accoucher. Grands sourires et tonnerre d'applaudissements... Ce n'était cependant pas pour me féliciter. VDM

Aujourd'hui, j'ai donné naissance à un magnifique bébé. Mon mari, lui, a réalisé "le parcours parfait" au golf au même moment. VDM

Aujourd'hui, ma sœur m'a dit qu'elle avait lu que la douleur de l'accouchement équivaut à vingt os brisés d'un seul coup. J'accouche bientôt, merci pour l'info. VDM

Aujourd'hui, j'ai eu un débat animé avec ma copine à propos de la douleur d'un accouchement équivalant ou non à un coup de pied dans les testicules. Son argument le plus efficace fut un coup de pied dans mes testicules. VDM

VDM + LA SUITE

Aujourd'hui, je pensais sentir mon bébé bouger pour la première fois. Après avoir joyeusement annoncé l'événement à tous les gens autour de moi, j'ai laissé échapper un énorme pet. Ce n'était donc pas le bébé, juste des gaz. VDM

• **Commentaire de GothicAngel17** à propos de sa VDM :

Au moins je suis contente que les nausées matinales se soient calmées et que je n'aie plus besoin de courir tout le temps pour aller aux toilettes. Maintenant c'est au tour des gaz, il semblerait. Ô joie. Quels gentils petits cadeaux de la grossesse quand ton corps prend le pouvoir sur ton esprit. J'attends maintenant avec frayeur les moments où je me ferai pipi dessus chaque fois que j'éternuerai.

Aujourd'hui, je rapporte de la maternité un vêtement de notre nouveau-né afin que notre chat ne soit pas surpris par sa venue et s'habitue à l'odeur. Il s'est jeté dessus et l'a déchiqueté violemment. Moi, je n'ai toujours pas osé le dire à ma femme. VDM

Aujourd'hui, j'ai promené ma sœur enceinte dans une petite voiture de golf électrique. Panne de batterie. Ma sœur a immédiatement fait semblant d'avoir des contractions. J'ai dû pousser le kart de golf sur plusieurs kilomètres avec ma sœur vautrée à l'intérieur. VDM

Aujourd'hui, ma femme est en train d'accoucher de notre premier enfant. Je suis militaire et déployé à l'étranger. Non seulement j'aurai raté la naissance de l'enfant, mais vraisemblablement aussi sa conception. VDM

TOTALE RÉVÉLATION

La ville de naissance de VDM, c'est Reims, commune située dans le département de la Marne (51). C'est là que vit Maxime, le fier papa du site.

2. LA PETITE ENFANCE

Aujourd'hui, le pédiatre de mon fils, inquiet de voir mon visage se décomposer, a passé de longues minutes à me rassurer sur le fait que les vaccins se passeraient bien. Je n'ai pas osé lui avouer que c'était le clown sur son étagère qui m'angoissait. VDM

• **Commentaire de justmeforyou** à propos de sa VDM :

Ah ma VDM a été publiée, je suis trop contente ! Sinon, oui, j'ai la phobie des clowns depuis le fameux film dont je n'écrirai même pas le titre ! Quand on a des enfants, tout se complique : il y en a souvent chez les pédiatres, dans les magasins pour enfants et il y a toujours quelqu'un pour poser LA question qui fout des frissons rien qu'à l'entendre : "Mais pourquoi tu l'emmènes pas au cirque ?" Donc voilà, je suis rassurée de ne pas être la seule ! C'est quand même difficile à vivre parfois. :)

Aujourd'hui, j'invite mon copain chez moi. Après nous être déshabillés et étendus sur le lit, je sens Charly, mon chien, y monter. Je le pousse avec mon pied et l'entends tomber. C'est quand il a pleuré que je me suis rendu compte que c'était Lucas, mon frère de deux ans et demi. VDM

Aujourd'hui, je me suis fait arrêter par les flics parce que j'avais le portable à la main en conduisant. Je faisais semblant de téléphoner au Grand Méchant Loup pour que ma fille arrête d'enlever sa ceinture. VDM

Aujourd'hui, jeune papa, je joue à la princesse avec ma fille de quatre ans. Je me propose de faire le prince. Sa réponse : "Non, papa, le prince, lui, il est beau." Devant mon silence dépité, elle ajoute : "Bah tu peux faire Shrek." VDM

Aujourd'hui, combat avec mon petit frère. Je lui hurle de me laisser passer la première parce que je dois faire la grosse commission et que ça urge. Subitement, il abandonne la bataille. Après avoir fini, je remarque qu'il n'y a plus de PQ. Derrière la porte, j'entends crier : "VENGEANCE !" VDM

Aujourd'hui, je joue avec ma fille de deux ans et demi. Je lui attrape la jambe et lui dis : "Mais à qui est cette cuisse de poule, que je la croque ?!" Je fais mine de la dévorer... Fou rire... Puis, évidemment, c'est à son tour : "L'est à qui cette cuisse de vaaaache ?" Évidemment... VDM

VDM COMMENTÉE

Aujourd'hui, profitant d'un rayon de soleil matinal, je vais dans un parc et m'assois sur un banc en face d'un bac à sable où joue un petit garçon. Le mioche me regarde longuement, prend une poignée de sable et me la lance dans les yeux en criant : "POUSSIÈRE D'ÉTOILES !" VDM

- Et après tu lui as balancé une poignée de cailloux à la figure en braillant "Pluie de météoooooores !" ?
  par Elva
- Mouhaahhhaaa… C'est pour ça que je ne fréquente pas les squares, moi, c'est bien trop dangereux.
  par Barbell
- En réalité, le sable est vraiment de la poussière d'étoiles. Comme toute notre planète. Mais de là á en avoir plein les yeux, c'est quand même pas très magique, VDM validée.
  par Tom-Tomy
- Il fallait lui enfoncer la tête dans le bac en criant : "Poussière tu es et tu retourneras…"
  par dodie

Aujourd'hui, je vais chez Mr. Bricolage pour acheter des charnières avec ma petite sœur. Au bout d'un moment, je ne la trouve plus. Tout à coup, je la vois sur des toilettes d'exposition en criant : "C'est bon, j'ai fini !" VDM

Aujourd'hui, c'était la fête de l'école de mon petit cousin de cinq ans, déguisé en Indien. C'est moi qui étais chargé de prendre des photos et de filmer le spectacle. Il était tellement bien déguisé que je ne l'ai pas reconnu. J'ai donc un film entier sur un petit garçon qu'on ne connaît pas. VDM

Aujourd'hui, le garçon de quatre ans que je garde se régale avec un gâteau à la crème. Alors qu'il a encore la bouche pleine, il en réclame un autre. Je dis : "Vide ta bouche d'abord !" Il a tout recraché. VDM

Aujourd'hui, j'étais dans le métro et, en me voyant, un petit garçon a crié : "Hé, maman, regarde ! Un Simpson !" Je suis vietnamien. VDM

Aujourd'hui, je suis animatrice dans un centre de loisirs. Je serre dans mes bras une petite puce qui pleurait et la prends sur mes genoux. Au bout de dix minutes, je lui dis : "Hmmm, mais ils sentent très bon tes cheveux !" Et la petite me répond : "C'est le produit pour les poux." Super. Merci. VDM

Aujourd'hui, dans le métro, une petite fille me regarde fixement avec un grand sourire. Je lui rends son sourire et elle me dit : "T'as un gros nez." C'est sa mère qui m'a achevé en répondant : "Faut pas dire ça, c'est pas sa faute, tu sais !" VDM

Aujourd'hui, j'arrive à la caisse du supermarché en même temps qu'une jolie jeune femme. Voulant faire le mec galant en la laissant passer devant moi, j'entame un geste ample de la main... qui se transforme en claque involontaire sur la joue de son gamin qui arrivait derrière moi. VDM

Aujourd'hui, j'ai été invité par un couple d'amis. Ne comprenant rien à ce que leur fils de sept ans bredouillait, je lui ai dit d'arrêter de "faire le débile". Son père m'a regardé et a dit : "Benjamin est un peu... différent." VDM

Aujourd'hui, un petit garçon m'a dit texto : "Quand je s'rai grand, j'aurai d'la moustache comme toi !" Je suis une fille. VDM

Aujourd'hui, dans le parc d'Accrobranche où je travaille, il pleut. J'enfile mon imperméable jaune citron. Deux gamins passent, me regardent de la tête aux pieds, et l'un dit à l'autre : "Regarde, on dirait Bob l'éponge !" L'autre répond : "Mais c'est pas Bob l'éponge carrée, c'est Bob l'éponge rooonde !" VDM

Aujourd'hui, dans les toilettes d'une aire d'autoroute, une "place" se libère. Je fais signe au petit garçon devant moi d'y aller mais il ne veut pas. J'entre donc moi-même dans les toilettes et, quinze secondes après, j'entends : "Y a un monsieur qui a voulu que j'aille dans les toilettes avec lui !" VDM

Aujourd'hui, un des amis de mon petit frère de huit ans me dit : "T'es con." Je lui réponds alors fièrement : "Fais preuve d'originalité, dis-moi quelque chose qu'on ne m'a jamais dit !" Il répond du tac au tac : "T'es beau." VDM

Aujourd'hui, je me suis endormi dans le train, total crevé par la soirée de la veille bien arrosée et très épicée (repas indien). Je me réveille et je vois un petit garçon sur le siège en face qui m'observe ; je souris et là il dit à son père : "Papa, le monsieur qui pète vient de se réveiller." VDM

Aujourd'hui, au travail (je suis opticienne), je donne une nouvelle paire de lunettes à une petite fille et lui demande si elle voit bien avec. Elle me répond : "Oui, trop bien, t'as deux gros boutons sur le nez !"... VDM

Aujourd'hui, j'entre dans un ascenseur bondé et, avisant un petit gamin tassé contre la porte qui se referme, je lui dis : "Recule, mon lapin, sinon tu vas te faire coincer !" Sauf que le "lapin" se retourne vers moi et je réalise que c'est un nain qui doit avoir dans les cinquante balais. VDM

Aujourd'hui, j'ai fait une baston de regards dans le bus avec une gamine de quatre ans dans une poussette. J'ai perdu. VDM

Aujourd'hui, j'ai mangé chez une amie. Son fils de cinq ans est à table avec nous, me regarde et me dit doucement : "T'es moche !" Quand mon amie revient, je lui raconte la scène, elle le gronde brièvement et là le gamin se met à pleurer en hurlant : "Mais elle est pas belle !!!!" VDM

Aujourd'hui, j'étais à la piscine municipale lorsque j'entends un petit garçon crier : "Mamaaaaan ! Regarde la fille ! On dirait un Babybel !" Je portais un bonnet de bain rouge vermillon. VDM

Aujourd'hui, alors que ma femme m'a strictement interdit de lui toucher la poitrine car elle allaite notre bébé et que ça lui fait mal, ma fille de quatre mois tète vigoureusement, la main posée sur le sein de sa maman, avec pour seul doigt déplié le majeur. Dans ma direction. VDM

Aujourd'hui, alors que je chantais pour l'endormir, mon bébé a saisi sa tétine et l'a collée dans ma bouche. VDM

Aujourd'hui, je questionne pour la énième fois mon informaticien de fiancé sur le futur prénom de notre bébé, qui doit naître dans très peu de temps. Comme chaque fois, il n'a rien à me proposer. Enfin si : "Sanstitre1". VDM

Aujourd'hui, je rentre du boulot crevé et affamé. Sur la table, le bol de soupe que mon fils de deux ans n'a pas terminé. Ni une ni deux, je le dévore en deux cuillerées. Ma femme, qui vient de le coucher, me dit que le petit a la gastro et qu'il a tout vomi dans son bol. Je ne me sens pas bien... VDM

Aujourd'hui, je regarde des photos d'enfance avec ma mère. "Quand tu es née, je pensais que je tenais dans mes bras le plus beau bébé au monde. Puis il y a eu ta sœur." VDM

Aujourd'hui, mon fils de deux ans énonce les genres : "Maman est fille", "Louis [mon fils] est garçon". Et papa... ? "Papa est gros"... VDM

Aujourd'hui, au bureau, on nous a réunis pour nous annoncer une terrible nouvelle. Un de nos collègues s'est mis en congé indéterminé car sa femme a laissé tomber leur bébé par terre. J'ai accidentellement ri devant tout le monde à l'image de la scène. VDM

Aujourd'hui, j'ai goûté le shampoing de mon bébé pour savoir s'il n'était pas trop chaud. VDM

Aujourd'hui, mon mari a collé un rétroviseur sur une chaise du salon pour pouvoir surveiller notre bébé pendant qu'il joue aux jeux vidéo. VDM

Aujourd'hui, ma copine m'apprend qu'elle est enceinte. Tout ému, je la serre dans mes bras en lui disant que je ferai tout ce qu'il faudra pour le bébé. Elle répond : "Tu seras un merveilleux tonton." VDM

Aujourd'hui, je suis dans le métro. Un bébé mignon comme tout fait coucou à tous les passagers en babillant joyeusement dans sa poussette. Attendrie, je lui fais coucou également. Il me fixe, puis se met à hurler. VDM

Aujourd'hui, deuxième échographie de notre bébé. Le gynécologue : "C'est un garçon. Regardez les bourses, ici… elles sont encore vides pour le moment. Et là, son tout petit pénis." Ma femme : "Ben il aura au moins ça de son père !" VDM

POUPOUFFE DEVIENT TROP GROS. IL FAUT LUI DONNER MOINS À MANGER.

Aujourd'hui, j'ai dit à mes enfants que notre chien devenait trop gros et que nous devions lui donner un peu moins de nourriture. Ma plus jeune fille a murmuré à sa sœur : "Maman est grosse et on lui donne encore à manger." VDM

Aujourd'hui, étant illustrateur et lors d'une crise d'insomnie, je termine des dessins pour un client. Ce matin, alors que je récupérais ma dose de sommeil, mon fils de trois ans a découvert le principe de la gomme. VDM

Aujourd'hui, je suis allé chercher ma fille au centre aéré. Elle était dehors en train de jouer au ballon. Soudain, un ballon rouge a roulé vers moi et j'ai fait un grand shoot dedans pour impressionner les gosses. Ils se sont mis à pleurer. C'était la boule de leur hamster, Sweety. VDM

Aujourd'hui, j'étais bénévole à une soirée pour les enfants défavorisés, déguisé en kangourou. Un petit m'a crié : "Je sais que t'es pas un vrai !" et il m'a séché d'un coup de pied dans les noisettes. VDM

Aujourd'hui, mon fils de quatre ans traverse la cuisine en disant : "Mais putain, où est-ce qu'il est, mon ballon ?" Et là, j'entends mon mari, visiblement choqué, dire : "Mais putain, où est-ce qu'il a appris à parler comme ça ?" VDM

Aujourd'hui, notre voisine a ramené des quadruplés de la maternité. Mon fils de cinq ans a demandé combien ils allaient en noyer. J'ai enfanté un monstre. VDM

Aujourd'hui, mon fils s'est enfin mis à téter après un mois au biberon car il refusait le sein. Ça aurait été fantastique s'il ne s'agissait pas du sein de son père. VDM

Aujourd'hui, en rentrant à la maison, ma petite fille avait trois bleus. L'explication de la baby-sitter ? "C'est elle qui a commencé." VDM

Aujourd'hui, dans un magasin avec ma mère et mon petit frère, un garçon m'a draguée. Juste quand il allait me donner son numéro de portable, ma mère m'a refilé mon petit frère en disant : "Prends ton fils, ta réunion des alcooliques anonymes commence dans une heure, faut y aller maintenant." VDM

Aujourd'hui, mes enfants m'ont réveillé en disant : "Debout, le Père Noël est passé !" Je me suis levé pour découvrir que ma télé, mon ordi et mon MacBook avaient disparu. VDM

Aujourd'hui, je conduisais mes jumelles à l'école et j'ai klaxonné accidentellement. Je leur ai dit que je n'avais pas fait exprès. Elles ont répondu : "Ouais, on sait, parce que t'as pas crié : "Connard !"" VDM

Aujourd'hui, réunion de famille chez moi. J'ai acheté un cadeau pour mon neveu mais, pour le faire mijoter, je l'ai caché dans la maison. Nous le laissons chercher, amusés, quand il revient soudain en criant : "Tata a une épée !" Il avait ouvert ma table de nuit et brandissait mon vibro. VDM

Aujourd'hui, j'ai demandé à mes élèves de CM1 le métier qu'ils aimeraient faire plus tard. Leurs réponses : GIGN, Kick-Ass, soldat en Afghanistan, espion américain, poseur de bombes, éleveur d'animaux militaires et arnaqueur professionnel. J'ai peur. VDM

3. DE L'ÉCOLE AU LYCÉE

Aujourd'hui, j'ai reçu une invitation sur Facebook de la part d'une de mes élèves de CM2 : "Wesh maîtresse je t'ai trouvée sur Facebook lol. Je te donne mon blog vas-y lâche des coms." VDM

Aujourd'hui, je fais un stage en école primaire dans une classe de CM2. La maîtresse annonce une dictée et, pour montrer l'exemple, je la note. À un moment, je n'arrive pas à orthographier "confère" et je jette un petit regard sur la feuille de mon voisin de dix ans. Mauvaise idée : "MAIS ARRÊTE DE COPIER SUR MOIIII !!!" VDM

Aujourd'hui, j'écoute le professeur. Tout à coup, il me regarde et me dit : "Tu as compris l'exercice ?" Je réponds oui. Il se tourne vers la classe et dit : "Bon, si elle a compris, tout le monde a compris !" VDM

VDM COMMENTÉE

Aujourd'hui, remplaçant dans une classe de CM1, je demande à mes élèves s'ils ont une idée de leur futur travail. Président, astronaute ou encore aventurier, pourquoi pas. Mais quand le petit Marc m'a dit "urologue", je suis resté sans voix. VDM

- Il a de la fuite dans les idées, celui-là...
  par Meisterstuck
- Il marc un point avec cette réponse, non ?
  par babou88
- Il a vu la verge, cet enfant, ou quoi ! ? Euh... Vierge.
  par Eagle4
- Les vessies seront les lanternes de son avenir.
  par bugdany
- Pâtissier-magicien !
  par ucalabbrisi

Aujourd'hui, j'ai fait semblant d'être malade afin d'éviter un contrôle de chimie. Fier de mon coup, j'ai posté le truc sur Facebook. J'avais juste oublié que j'avais mes parents en "amis". VDM

Aujourd'hui, je suis institutrice de CM2 et je demande à mes élèves d'écrire une phrase avec le mot "monotone". "Le travail est monotone", "Les devoirs sont monotones", "La classe est monotone", "Les lunettes de la maîtresse sont monotones". Je crois qu'ils ont compris. VDM

Aujourd'hui, voulant apprendre quelques bonnes manières à mes petits élèves de maternelle, je leur demande tout simplement ce que nous devons faire avant chaque repas. La réponse attendue : se laver les mains. La réponse d'Agathe ? "On boit l'apéro, maîtresse." VDM

Aujourd'hui, dans ma classe de primaire, les enfants n'arrêtaient pas de bavarder. Après trois rappels à l'ordre, j'ai fini par lancer la menace ultime : "Le prochain que j'entends parler sera exclu de la classe !" Un des petits m'a fixée droit dans les yeux en souriant et a fait : "Miaou..." VDM

VDM présente

Chomp
Chomp
?
...
?

Aujourd'hui, mon petit frère a appris que Jésus pouvait marcher sur l'eau. Que Jésus, mon hamster ne sachant pas nager dans la baignoire, repose en paix. VDM

Aujourd'hui, j'étais en cours et une fille faisait l'idiote en imitant quelqu'un de la classe : yeux qui louchent un peu, bouche ouverte, cheveux en pétard… J'ai bien rigolé jusqu'au moment où j'ai compris qu'il s'agissait de moi… VDM

Aujourd'hui, notre professeur d'éducation civique a annoncé le thème de l'exposé : "Alcool, tabac et drogues illégales". Les trente-quatre autres élèves de ma classe se sont retournés comme un seul homme vers moi. VDM

Aujourd'hui, mon prof m'a dit : "Tu me dois un stylo rouge" en rendant les copies. VDM

Aujourd'hui, cours sur Einstein. La prof nous raconte sa vie, ses inventions, etc. Je remarque alors qu'elle n'a pas parlé de sa vie privée et demande : "Madame, Frank n'avait pas d'enfants ?" La prof et les autres élèves éclatent de rire. Je réfléchis. Ah merde. Albert. Merci Frankenstein. VDM

Aujourd'hui, visite du médecin au lycée. Je lui tends mon carnet de santé, il regarde ma courbe de poids et me dit : "Toi, à onze ans, tu as découvert le Nutella !" VDM

Aujourd'hui, en cours d'espagnol, j'ai lu "Comeplété lé texté" au lieu de "Complète le texte" jusqu'à ce que la prof m'arrête et me dise que la consigne était en français. VDM

Aujourd'hui, en cours, mon prof de maths écrit au tableau. Je lui lance ma gomme qui rebondit en plein sur la tête. Il se retourne, ramasse la gomme. Pas besoin d'être Columbo pour trouver l'auteur... j'ai oublié que mon nom est écrit dessus. VDM

Aujourd'hui, professeur stagiaire de français dans un collège en ZEP, j'ai finalement craqué au bout de cinq mois. J'ai corrigé les fautes d'orthographe des tags dans les toilettes. VDM

VDM COMMENTÉE

Aujourd'hui, portes ouvertes dans le lycée où j'enseigne. Des élèves qui ont choisi ma matière font la présentation de celle-ci. Au moment de me présenter, j'ai pu entendre : "Alors lui, si vous voulez, c'est un peu comme Perceval dans *Kaamelott*. Mais en prof." VDM

- "Zloubi 1, zloubi 2..."
  Tu les fais jouer à "cul de chouette", aussi ?
  J'suis curieuse de savoir quelle matière tu enseignes ; si c'est la science, je comprendrai !
  Allez VDM à toi !
  par PinkxMinette

- Ouch...
  Est-ce que tu enseignes de manière péremptoire au tableau ?
  par gardener

- Sur une échelle de 22 à 45 (et je préfère prendre large), de 22 à 29 tu as eu de la chance, ils auraient en effet pu t'appeler Cadok, de 30 à 35 t'as pas eu de bol, de 36 à 44 ça a dû te faire mal quand t'as entendu ça, et seuuulement à 45 j'te dis VDM ! ;)
  par Joey~

- C'est pas faux. :D
  par Rwede

Aujourd'hui, professeur au lycée, je crois voir un élève jouer avec son téléphone. Je lui demande donc de me donner ce qu'il a dans la main. Il est venu me tendre une crotte de nez. VDM

Aujourd'hui, je tiens cours au lycée et m'étonne de voir mes élèves s'esclaffer à tour de rôle en faisant circuler un papier. Je le saisis et lis : "Si tu aimes la sodomie, souris légèrement." Je n'ai pas pu me retenir. VDM

Aujourd'hui, mon prof d'histoire, qui postillonne énormément, m'a placée au premier rang dans son cours. J'ai vraiment hâte qu'on finisse la leçon sur le Liechtenstein. VDM

Aujourd'hui, je suis tombé dans les pommes dans les toilettes de mon lycée. Mon urine aurait réagi avec l'eau de Javel et créé un gaz nocif. Bref, j'ai été asphyxié par mon urine. VDM

Aujourd'hui, j'ai auditionné pour la pièce *Roméo et Juliette* montée par mon lycée. Lorsqu'on a annoncé que j'avais le rôle de Juliette, tous les garçons auditionnant pour Roméo sont partis. VDM

Aujourd'hui, en cours, je passe au tableau. Je prends la brosse sur le bureau, je frotte, mais le feutre s'efface très mal. Après avoir réessayé de façon plus énergique, je m'exclame : "Mais elle efface vraiment mal, cette brosse !" La prof : "C'est parce que c'est mon étui à lunettes." VDM

Aujourd'hui, en cours d'histoire, je panique parce que la prof ne m'a pas donné la même carte qu'à tout le monde. Je l'appelle à grands cris, toute la classe se retourne, la prof se lève, vient vers moi, prend ma carte, la tourne, puis, d'un air blasé, retourne s'asseoir à son bureau. VDM

Aujourd'hui, lors d'une dissertation de philosophie, le professeur s'est approché de ma table et a lu ma copie. Il a été pris d'un fou rire et a dû sortir de la salle pendant dix minutes. VDM

Aujourd'hui, en cours d'économie, je décide de simuler un saignement de nez pour m'esquiver. Je prends une cartouche d'encre, un mouchoir, puis lève la main : "Monsieur, je saigne du nez." J'étais pourtant persuadé d'avoir pris de l'encre rouge. Je suis "schtroumpfé". VDM

Aujourd'hui, mon prof d'anglais, qui a une écriture assez dure à lire, écrit au tableau un mot bizarre. Quelque chose qui ressemble à "ZOIZ". Je lui demande alors : "Monsieur, ça veut dire quoi, "ZOIZ" ?" en tentant de bien le prononcer. J'ai eu l'air fin quand il m'a répondu : "J'ai écrit "2012"." VDM

Aujourd'hui, en cours d'anglais, alors que ma prof essuie le tableau avec un mouchoir en papier, je lui suggère d'utiliser le torchon sur son bureau. Les trente élèves de la salle ricanent et la prof me fusille du regard. Ce torchon, c'était son pull. VDM

Aujourd'hui, en cours, je colorie une carte de la France et, une fois celle-ci terminée, je remarque qu'un sexe est apparu sur mon dessin. Je soulève la feuille. Un phallus était gravé dans le bois du bureau. VDM

Aujourd'hui, mon professeur de maths écrit les devoirs : "Exercices 3 et 39 pages 100-103." Voyant que la classe ne cesse de chahuter à l'approche de la fin de l'heure, il a effacé le "et" pour le remplacer par un "à". VDM

Aujourd'hui, je porte un tee-shirt "Harvard". Mon prof d'anglais y a jeté un coup d'œil puis m'a dit : "Dans tes rêves..." VDM

Aujourd'hui, je me suis endormie en plein cours d'histoire. Quand je me suis réveillée, tout le monde me regardait d'un air bizarre et le prof avait quitté la classe. Il paraît que je gémissais de plaisir dans mon sommeil en prononçant son nom. VDM

Aujourd'hui, je me suis endormi sur mon bureau, la tête posée sur mon poing. Mon coude a dû glisser du bord du bureau car je me suis mis un grand coup de poing qui m'a laissé un énorme bleu. À l'école, ils pensent que mes parents me battent. Mes parents, eux, pensent que je me fais martyriser à l'école. Personne n'a voulu croire à mon histoire "bidon". VDM

Aujourd'hui, en classe, on a étudié la gravité. Le prof m'a demandé de monter sur le bureau puis de sauter par terre. Le bureau a craqué sous mon poids, ce qui a bien fait rire tout le monde. *Fuck* la gravité. VDM

Aujourd'hui, mon prof de maths m'a conseillé d'apprendre à dire : "Bienvenue chez McDonald's." VDM

Aujourd'hui, je me suis endormi en classe et je me suis réveillé à grands cris à la recherche d'oxygène. Je m'étais étouffé dans le gras de mon bras. VDM

Aujourd'hui, nous sommes en classe dans des préfabriqués en raison de la réfection de l'école. Après un épisode un peu difficile et bruyant aux toilettes, j'ai entendu de l'autre côté de la cloison toute ma classe morte de rire en imitant le bruit. VDM

Aujourd'hui, je suis allé à la représentation théâtrale de mon fils à son lycée. Arrivé dans la salle, j'ai crié son nom pour lui faire savoir que j'étais bien là. Pensant que j'étais un lycéen, un prof m'a crié : "TU T'ASSOIS ET TU LA FERMES !" Sous l'effet de surprise, j'ai paniqué et obéi illico. Ça a bien fait marrer les autres gosses. VDM

Aujourd'hui, j'ai failli rater le bus pour l'école. J'ai vite attrapé mon sac et j'ai couru jusqu'à l'arrêt. C'est en arrivant à l'école que je me suis aperçu que j'étais toujours en chaussons. VDM

Aujourd'hui, au lycée, nous avons droit à une réunion sur les rapports sexuels, préservatifs, etc. Au bout d'un moment, une dame nous explique qu'il faut apprendre à connaître son sexe. "Par exemple, ma fille se regarde le vagin dans une glace pour mieux le comprendre." Sa fille, c'est moi. VDM

Aujourd'hui, premier jour d'école, je me suis fait jeter de la classe pour avoir imité un singe. Je riais, juste. VDM

Aujourd'hui, je rentrais de l'école avec un groupe d'amis, quand mon père s'est arrêté en voiture en brandissant une poignée de billets par la fenêtre et en criant : "Tu montes, chérie ?" J'ai sauté par réflexe dans la voiture. Ce n'est qu'après qu'il a démarré que j'ai songé que cette histoire allait me poursuivre toute ma vie à l'école. VDM

4. PREMIÈRES AMOURS

Aujourd'hui, ma copine m'a fait la gueule pendant vingt minutes parce que j'avais acheté une bouteille de Coca sur laquelle était écrit le nom d'une autre fille. VDM

Aujourd'hui, j'étais à ma Journée d'appel de préparation à la défense et j'ai pu expérimenter mon premier baiser sur la bouche. Je tiens donc vivement à remercier Chantal, mannequin en plastique d'initiation au secourisme de son état. VDM

Aujourd'hui, mon copain m'a offert une rose pour la première fois de ma vie. C'était pour s'excuser de me quitter. VDM

Aujourd'hui, première fois avec mon copain. Étant soucieuse de la contraception, je lui demande s'il a "ce qu'il faut", sous-entendu un préservatif. Il m'a demandé : "Quoi ? Un pénis ?" VDM

Aujourd'hui, alors que j'embrassais ma nouvelle copine pour la première fois, une de mes dents est tombée. C'est elle qui l'a recrachée. VDM

Aujourd'hui, j'ai déclaré pour la première fois à mon copain que j'étais amoureuse de lui. Il m'a répondu, l'air paniqué : "Mais pourtant on a toujours mis des préservatifs !" VDM

Aujourd'hui, première fois avec mon chéri. Au moment fatidique, maladroit, il ne trouve pas "l'entrée". Il s'arrête et dit avec une petite voix de talkie-walkie qui grésille : "SOS, nous avons perdu la trace du vagin de Cécile, commandant, cruuuuchhh, envoyez-nous au plus vite sa position, cruuucchhh, stop." VDM

Aujourd'hui, pour notre première fois avec mon copain, j'ai pris l'initiative de me faire l'intégrale le jour même. Résultat, mon copain a pris peur parce qu'il pensait que les petits boutons dus à l'épilation étaient une maladie contagieuse. VDM

VDM + LA SUITE

Aujourd'hui, ma mère m'a surprise en pleine action avec mon copain. Cela aurait été moins bizarre si elle n'était pas sortie de sous le lit. VDM

• **Commentaire de cachemaman** à propos de sa VDM :

Tout d'abord merci d'avoir validé ma VDM, je vais pouvoir mourir en paix (pour faire original).
Je voulais apporter quelques détails après avoir lu vos commentaires. Non, ma mère n'est pas contre le fait que je couche avec mon copain et quand je lui ai demandé pourquoi elle était sous mon lit, elle m'a répondu : "Je dépoussiérais sous le lit", mouais... Ça reste à prouver !

Aujourd'hui, alors que je regardais l'agenda de ma copine, j'ai découvert qu'elle gardait un de mes poils pubiens scotché à la page de notre première fois. VDM

Aujourd'hui, j'ai amené pour la première fois chez moi le mec dont je suis folle depuis des mois. Je le laisse seul trois minutes, le temps de ranger les manteaux et de me refaire une beauté. Trois minutes, le temps que ma mère a pris pour lui faire part de mes sentiments, journal intime à l'appui. VDM

Aujourd'hui, mon cher et tendre a pris mon visage entre ses mains pour un baiser langoureux. Enfin, il essayait de me boucher les oreilles pour camoufler le bruit de ses pets. VDM

Aujourd'hui, c'est la première fois avec mon copain. Tout se passe à merveille, il est même très romantique. Les choses s'accélèrent et nous décidons de franchir le pas. Tout se passe bien, jusqu'à ce qu'il crie : "Et poooouf ! Dans ta touuuuffe !" VDM

Aujourd'hui, j'ai fait l'amour avec ma copine. C'était notre première fois à tous les deux. Alors que l'on venait de finir, elle m'a dit : "Attends, j'appelle ma mère pour la prévenir !" VDM

Aujourd'hui, j'ai fait l'amour avec ma copine. C'était sa première fois et, après l'acte, elle m'a remercié. Naturellement, je lui ai dit : "Tout le plaisir était pour moi..." avec un petit clin d'œil. Elle a répondu : "Euh oui, ça, c'est possible..." VDM

Aujourd'hui, je dis pour la première fois à mon copain "Je t'aime" après un câlin. Gros blanc. Il n'a rien entendu et m'a répondu : "Dis donc, t'as beaucoup transpiré, COQUINE !" VDM

Aujourd'hui, j'ai reçu un SMS d'une fille. On s'était vus la veille pour la première fois seul à seul. Il commençait par : "Quand je plonge mes yeux dans les tiens, je suis réconfortée. Quand je suis près de toi, je me sens bien..." et finissait par : "Si tu transmets ce message à dix personnes, etc." VDM

Aujourd'hui, ma copine me demande de fermer les yeux et de tendre les lèvres. Pensant à un baiser romantique, je m'exécute immédiatement. Elle a préféré me mettre l'anus du chat à la place. VDM

Aujourd'hui, première fois avec mon copain. Tout se passe bien jusqu'à ce qu'il commence à hurler. Paniquée, je lui demande ce qui ne va pas. C'est comme ça qu'il jouit. VDM

Aujourd'hui, ma nouvelle copine me croit encore bourré car la première fois que l'on s'est vus c'était à une soirée arrosée et je bégayais. Elle n'a toujours pas compris que je suis bègue. VDM

Aujourd'hui, et depuis toujours, j'ai la phobie des chauves-souris. Mon nouveau copain l'a découvert lorsqu'il m'a montré un livre sur les animaux à la Fnac. J'ai tellement hurlé que le vigile a exigé que nous sortions. VDM

Aujourd'hui, alors que j'étais en plein câlin avec mon nouveau copain peu expérimenté, j'ai tenté de guider "la chose" avec mes mains pour l'aider. Il a cru qu'il était rentré. Je n'ai pas osé bouger et l'ai laissé finir sa petite affaire dans ma main. VDM

Aujourd'hui, au lycée, j'ai appris que l'on m'avait collé une étiquette d'éternel célibataire. Une fille de ma classe est venue me demander comment je m'étais fait mon suçon au cou tout seul. VDM

VDM COMMENTÉE

Aujourd'hui, ma copine a reçu trois SMS de "La Redoute". Intrigué par cet acharnement publicitaire, j'ai consulté les textos et constaté que "La Redoute" l'invitait chez lui, car ses parents n'étaient pas à la maison. VDM

- Vaut mieux La Redoute que Les 3 Suisses, tu crois pas?
  par Fontolan
- Et tu redoutes sa réaction quand tu lui diras que tu sais?
  par loulie210
- La Redoute, toujours au plus près de ses clients.
  par thym
- Je vais te choquer, mais ils publient des photos de ta copine en lingerie coquine un peu partout dans le monde.
  par alan52
- J'ai reçu un mail de La Redoute en lisant la VDM, du coup j'ai explosé de rire dans le métro... Merci à ta copine.
  ar vraimentuseless

Aujourd'hui, mon nouveau copain et moi rentrons de soirée et le moment torride arrive ! Il met sa main dans ma culotte et me dit : "Waouh, je te fais tant d'effet que ça ?!" Je n'ai pas osé lui dire que je venais de me faire pipi dessus. VDM

Aujourd'hui, première fois avec mon nouveau copain. J'ai découvert que la tapisserie se décolle en haut à droite, qu'il y a six poutres au plafond, qu'une ampoule du lustre est grillée et qu'il faut que je refasse ma manucure. VDM

Aujourd'hui, en plein câlin pour la première fois avec ma nouvelle copine, je m'apprête à enfiler un préservatif quand elle me dit : "Il ne faut pas attendre que tu aies une érection pour le mettre ?" J'avais une érection. VDM

Aujourd'hui, j'ai embrassé la fille que j'aime pour la première fois. Elle a vomi. VDM

Aujourd'hui, j'ai couché pour la première fois avec mon copain. Il avait mis la télé bien fort pour que sa mère n'entende rien. J'ai donc perdu ma virginité à vingt ans, avec Disney Channel à fond. VDM

Aujourd'hui, j'ai embrassé un mec pour la première fois à une fête. Plus tard, on m'a dit que le mec avait fait le pari d'embrasser la fille la plus moche de la soirée. VDM

Aujourd'hui, j'ai couché pour la première fois avec ce type que j'ai rencontré. Il m'a confié ensuite que la levrette était sa position favorite car cela lui faisait penser à un bon viol. VDM

Aujourd'hui, avant que je couche enfin avec celui qui est mon copain depuis maintenant deux ans, il m'a demandé d'attacher mes cheveux pour ressembler à ma sœur. VDM

Aujourd'hui, mon nouveau copain et moi regardons un coucher de soleil sur la plage. Moment romantique. Il me murmure à l'oreille : "Je t'aime aussi gros que… (il regarde aux alentours) … que la grosse dame qui est en train de chier dans un sac plastique à six mètres de nous." Effectivement. VDM

Aujourd'hui, j'ai eu mon premier baiser, au pas de ma porte, le baiser idéal. Ma mère a d'ailleurs tout photographié depuis la fenêtre de sa chambre. Elle a publié les images sur Facebook avec la mention "Mon bébé a eu son premier baiser !" VDM

Aujourd'hui, en donnant un baiser à un garçon, les piercings de nos langues sont restés coincés. Après cinq minutes à essayer de les détacher, j'ai eu un spasme et un petit renvoi dans sa bouche. VDM

Aujourd'hui, pendant l'amour avec mon copain, j'ai failli avoir le premier orgasme de toute ma vie. C'est là qu'il a tout stoppé en pensant que je me sentais mal. VDM

Aujourd'hui, j'ai finalement eu le courage d'aller à un rendez-vous avec ce garçon qui me fait craquer depuis des mois. C'était mon premier rendez-vous avec un garçon. La première chose qu'il a dite quand on s'est retrouvés, c'est : "Je reviens, je dois aller faire popo." Ça lui a pris environ dix minutes. VDM

VDM COMMENTÉE

Aujourd'hui, j'ai fait un rêve érotique très intense qui m'a envoyé au septième ciel et m'a laissé pantelant au réveil. L'objet du désir n'était ni une fille canon ni un truc sexuel. J'ai rêvé de bacon. VDM

- T'es cochon, toi. :)
  par Ihatethesenames
- J'imagine que tu les aimes grassouillettes.
  par zanguard
- Bacongasm !
  par DiscountDJ25
- Votre orientation sexuelle ?
  Réponse : Bacon.
  par yer_maw
- Kevin Bacon ?
  par Blanadestroyer

Aujourd'hui, j'ai enfin invité ma copine à la maison. Mes parents étaient en train de se disputer à propos du nouveau papier toilette. Mon père nous a fait part de sa colère parce qu'"elle devrait savoir que j'ai un anus sensible". VDM

Aujourd'hui, je me déshabille devant mon copain pour la première fois. J'ai compris que mon soutien-gorge avait dû lui laisser augurer une poitrine plus importante quand je l'ai enlevé et qu'il s'est écrié : "Abracadabra... disparus !" VDM

Aujourd'hui, ma nouvelle copine m'a invité chez elle. Elle m'a présenté ses dix-sept chats dont les noms commencent tous par la lettre "K", parce que ce sont tous des "chats trop kewl". VDM

Aujourd'hui, le garçon qui me fait craquer m'a proposé un rendez-vous. C'est une bonne chose qu'il ait fait ça sur Facebook, parce que je me suis mise à trembler comme une feuille, puis à vomir. Je crains le pire pour notre premier rendez-vous. VDM

Aujourd'hui, j'étais chez la grand-mère de mon nouveau copain. En allant aux toilettes, je l'ai entendu dire à mon copain : "Tu mérites mieux. Elle est grosse." Mon copain lui a répondu : "Je sais." VDM

Aujourd'hui, on s'embrassait avec mon copain. On se tenait par la main et il jouait avec une mèche de mes cheveux. Trop bien. C'est là qu'il a dit adorer ma bouche à cause de son goût de bacon. VDM

Aujourd'hui, après avoir fait l'amour avec mon copain pour la première fois, il m'a serré la main en disant : "Bien ouej !" VDM

Aujourd'hui, j'ai eu ma première expérience de sexe au téléphone avec mon copain. En plein milieu, sa respiration s'est faite plus forte comme avant un orgasme. En fait il s'était endormi. VDM

Aujourd'hui, ma copine et moi allions avoir un rapport pour la première fois quand sa mère est rentrée à l'improviste. Dans la panique, on s'est rhabillé en mettant chacun le tee-shirt de l'autre. Elle l'a tout de suite remarqué. VDM

5. LE BAC

Aujourd'hui, baccalauréat blanc de français. Ayant oublié de prendre une montre, j'appelle mon père en catastrophe pour lui dire de m'en apporter une. Il est arrivé un quart d'heure plus tard en courant et criant mon nom dans le lycée, avec dans la main… L'HORLOGE de la cuisine. Merci papa. VDM

Aujourd'hui, examinateur pour l'oral du baccalauréat de français, j'appelle un élève pour qu'il rentre dans la salle. Il est venu en courant avec un maillot de Zidane sur le dos, a embrassé le sol, a fait la croix et est parti s'asseoir. VDM

Aujourd'hui, période de stress, j'ai rêvé que j'arrivais en retard au bac et que je me plantais totalement. Je me suis réveillé en sueur et tremblant. Le problème ? On est en plein milieu des vacances et je ne passe le bac que dans deux ans. J'ai peur pour la suite. VDM

Aujourd'hui, j'ai envoyé un message à mon frère pour lui annoncer mon échec au bac. Dix minutes plus tard, je reçois enfin une réponse : "Échec de l'envoi." Décidément… VDM

Aujourd'hui, je n'ai pas eu mon bac. J'étais tellement sûre de l'avoir que je m'étais commandé le pull officiel bachelier 2012 avec le nom de mon lycée inscrit au dos. Il est arrivé ce matin. Comme quoi, on peut remuer soi-même le couteau dans la plaie. VDM

Aujourd'hui, je n'ai pas eu mon bac. Afin que je ne l'oublie pas, mon frère se promène avec son diplôme du bac encadré dans toute la maison. VDM

Aujourd'hui, je passe mon oral d'histoire pour le bac. À la fin, mon examinateur me dit : "C'est bien." Voyant mon air réjoui, il s'empresse d'ajouter : "Je veux dire, c'est bien que ce soit fini. Je ne parlais pas de votre prestation." VDM

Aujourd'hui, comme tous les mercredis, j'ai six heures de maths dans la journée avec le même enseignant. Pour rentrer chez moi, je dois prendre le bus. Devinez qui s'est assis à côté de moi pour tout le trajet. VDM

Aujourd'hui, élève de première S, je révise mon bac d'histoire-géographie. Sachant que ma mère n'aime pas ces matières, je ne peux m'empêcher de lui réciter mes cours pour l'embêter. Mon frère, qui était présent, me demande alors : "Ton bac d'histoire-géo, c'est un oral ? – Bah non. – Alors ta gueule." VDM

Aujourd'hui, oral du bac de français. Sur mes vingt textes, il n'y en a qu'un que je ne connais pas. J'étais tellement préoccupé par ce texte que lorsque l'examinateur m'a demandé lequel je voulais présenter, j'ai spontanément choisi celui-ci. VDM

Aujourd'hui, je sors d'une épreuve du bac à fort coefficient ratée. En allant prendre le bus, je passe devant un kiosque à journaux. À la une : "Que faire sans le bac ?" VDM

Aujourd'hui, comme tous les terminales de France, c'est avec angoisse que je me prépare au lundi 18 juin, début des épreuves du bac. Avec tellement d'angoisse que j'ai pleuré en entendant un animateur radio annoncer la sortie d'un album par la phrase : "Le 18 juin dans les bacs !" VDM

VDM COMMENTÉE

Aujourd'hui, je vais aux toilettes durant une épreuve du bac. Après avoir entendu "des bruits de papiers qu'on déplie", le surveillant qui m'accompagnait a jugé nécessaire de regarder par-dessus la porte pour vérifier si je n'étais pas en train de tricher. Je changeais ma serviette hygiénique. VDM

- "Dépêchez-vous, mademoiselle... Le Tampax..."
  par Photonik
- Lors des épreuves du bac, il faut always se méfier de ceux qui vont aux toilettes. :)
  J'adore ce surveillant.
  par KDeeva
- Les sous-doués surveillent le bac.
  par Lessaim
- Culotte bien garnie, examen réussi ^^
  par Zagus
- Tout le monde se rince quelque chose dans cette histoire : toi, la foufoune, lui, l'œil...
  par UpSideDown
- "Mademoiselle, dois-je vous rappeler les règles ?"
  par choupilux

Aujourd'hui, je suis en vacances et je révise mon bac de SVT. Je suis seule chez moi et le plombier est là. Me voilà donc en robe de chambre, sur mon lit, étudiant le schéma d'un pénis, tandis qu'il me fixe en démontant les gros tuyaux de mon radiateur. J'ai l'impression d'être dans un film porno. VDM

Aujourd'hui, ma copine a trouvé le moyen infaillible pour me forcer à réviser le bac. Elle me pose des questions et, à chaque mauvaise réponse, m'arrache un poil pubien avec sa pince à épiler. VDM

Aujourd'hui, révisions du bac. Comme je suis facilement déconcentrée, je décide d'enlever de mon bureau tout ce qui pourrait me gêner. J'ai oublié la boîte de trombones. Qui veut des bracelets faits maison ? VDM

Aujourd'hui, révisions pour le bac de français. Je me suis fait engueuler deux fois : par ma mère, qui trouve que je ne bosse pas assez, et par mon père, qui trouve que je bosse trop. Je pense être au point sur la définition d'un paradoxe. VDM

Aujourd'hui, en cherchant mes feuilles de révision de bac, je me suis souvenue que je les avais oubliées, et pas n'importe où : à l'intérieur d'un sac exposé dans un magasin. Je voulais vérifier que mes cours rentreraient dedans. VDM

Aujourd'hui, en manque de papier, mon frère a utilisé mes fiches pour le bac afin d'allumer le barbecue. VDM

Aujourd'hui, bac blanc de maths. Si vous vous demandez quelle est la probabilité pour que ma calculatrice tombe en panne ce jour-là, ne me posez pas la question, je ne pourrai pas la calculer. VDM

Aujourd'hui, je passe mon bac blanc d'histoire-géographie. Saviez-vous qu'une copie de bac comptait à elle seule 7 286 petits carreaux ? VDM

Aujourd'hui, c'est mon bac blanc de français et, contrairement à mes habitudes, je mets du rouge à lèvres rouge vif. Après un travail très intense de quatre heures, j'étais tellement fière de ma production que j'ai embrassé ma copie. VDM

Aujourd'hui, résultats du bac. Étant déjà bachelier, j'accompagne ma petite amie pour ses résultats. Pour la faire rire et déstresser, je lui raconte ceux de l'an dernier et imite une bande de filles en pleurs. C'était compter sans l'équipe du journal local. J'ai fait la une. VDM

Aujourd'hui, mon fils m'appelle pour me donner ses résultats du bac. La conversation : "Maman, je l'ai ! Mention bien ! – Génial, mon chéri, je suis contente ! – Non, je déconne, je passe le rattrapage demain. Bisous, m'man." VDM

Aujourd'hui, en pleine épreuve du bac, mon voisin a eu un fou rire pendant une demi-heure à cause d'une blague Carambar. VDM

Aujourd'hui, je passe le bac d'histoire-géo. J'étais tellement stressée que j'ai oublié toutes les villes japonaises. Je les ai écrites en petits dessins de style japonais en pensant berner le correcteur. VDM

Aujourd'hui, première épreuve du bac. Au bout de deux heures et demie de réflexion philosophique intense, je demande à aller aux toilettes. Il a fallu trois quarts d'heure aux agents d'entretien pour débloquer le verrou, qui m'était resté dans les mains. VDM

Aujourd'hui, je pars en retard pour un gros bac blanc de maths coefficient 7. Une fois devant ma copie, je me rends compte que, dans l'urgence, j'ai pris ma vieille Game Boy Color retrouvée il y a peu et non ma calculette graphique. VDM

Aujourd'hui, quand je suis rentrée chez moi pour annoncer mes résultats du bac à mes parents, une banderole était accrochée : "L'important, c'est de participer, on croit en toi pour l'an prochain." Merci, mais je l'ai eu, mon bac. VDM

VEUILLEZ NOUS EXCUSER POUR LES CONDITIONS DE L'EXAMEN.
LES TRAVAUX N'AVANCENT PAS.
NÉANMOINS, L'ÉPREUVE DU BACCALAURÉAT D'AUJOURD'HUI SE DÉROULERA NORMALEMENT.
LA CHALEUR N'ARRANGEANT RIEN, JE VOUS DEMANDERAIS LA CONCENTRATION LA PLUS EXTRÊME !
MADAME ! MON STYLO A FONDU !
SILENCE !
LE SUJET EST APPROPRIÉ. "LE SOLEIL, NAISSANCE ET MORT D'UNE ÉTOILE."
VOUS AVEZ DEUX HEURES !
JE CRÈVE DE CHAUD !
QUELLE CHALEUR !

Aujourd'hui, à cause d'un manque de salles, j'ai passé une épreuve du bac dans un préfabriqué avec un toit en tôle par 37 degrés. J'ai tellement transpiré que ma feuille s'est collée à mon bras et s'est déchirée après trois heures de dur labeur. J'ai pleuré. VDM

Aujourd'hui, je suis examinateur au bac de français. J'appelle un élève qui a un plâtre au bras. Je lui demande s'il a *La Peste* (le roman de Camus). Il me répond : "J'ai juste le bras cassé." VDM

Aujourd'hui, bac de maths. Je constate avec horreur qu'il manque deux piles à ma calculatrice. Résultat : une épreuve complètement ratée. Le soir, j'apprends que c'est mon petit frère qui les a prises pour jouer à *Pokémon*. VDM

Aujourd'hui, bac d'anglais, j'ai du mal à orthographier un mot. En rentrant chez moi, je me rends compte qu'il est écrit sur mon tee-shirt. VDM

Aujourd'hui, pour fêter la fin des cours, j'ai brûlé mon carnet de correspondance avec une intense satisfaction. C'est seulement une heure après que je me suis rendu compte que j'avais oublié d'y enlever ma convocation pour le bac de français. VDM

Aujourd'hui, je surveille le bac. Un élève m'a demandé si c'était noté. VDM

Aujourd'hui, j'ai vu vingt-trois pies, dix moineaux, quatre merles, un pic-vert, un chat et un jardinier. Tout ça par la fenêtre, pendant mon bac d'histoire. VDM

Aujourd'hui, mes amis ont prévu une super soirée en boîte pour fêter la fin du bac, mais ils ne m'ont pas invité. Ils ont trouvé logique de penser que je bosserais pour le rattrapage. VDM

Aujourd'hui, l'examinateur de mon oral de bac a catégoriquement refusé de m'interroger sous prétexte que je ne ressemblais pas assez à la personne de ma photo d'identité. VDM

Aujourd'hui, afin de penser à autre chose qu'aux révisions, je vais avec des amis à une soirée dans le VIIe arrondissement de Paris. Le nom de la rue ? Rue du Bac. VDM

Aujourd'hui, l'examinatrice de mon oral de bac m'a offert un bonbon à la menthe parce que "si vous continuez, je vais faire un malaise". VDM

Aujourd'hui, en me réveillant, je constate que ma chambre est fermée à clé. Sur mon bureau, un petit mot : "Le bac, c'est bientôt. Faudrait peut-être t'y mettre. Et ne tente pas de passer par le Velux, tu vas rester bloqué. Maman." VDM

Aujourd'hui, ma copine va vous donner une information de la plus haute importance. Elle m'a dit avec le plus grand sérieux : "J'ai calculé mes points pour le bac, et si j'ai 10 dans toutes les matières, je l'ai !" Voilà. VDM

Aujourd'hui, bac blanc de maths. J'ai souffert devant des statistiques, des graphes ou encore des logarithmes. À défaut d'avoir brillé, j'ai au moins le sentiment d'avoir tout donné. Sauf peut-être ma copie, machinalement rangée au fond de mon sac. VDM

Aujourd'hui, après avoir reçu mon bulletin, mes parents ont mis un mot de passe à mon ordinateur. Sur l'écran était collé un Post-it qui disait : "Le mot de passe est la réponse finale au sujet de bac qui t'attend dans le bureau." VDM

Aujourd'hui, j'ai reçu ma convocation officielle pour le bac. Je passerai donc les épreuves boulevard du Massacre. VDM

6. L'UNIVERSITÉ

Aujourd'hui, rencontre de foot interscolaire. Je me suis peint le logo "Paris 6" sur la figure afin de supporter mon équipe. Je n'avais juste pas prévu qu'un coup de soleil allait me le faire conserver plus longtemps que prévu. VDM

Aujourd'hui, j'ai fait un rêve super désagréable avec une fille que je n'aime pas. Quand je me suis réveillé, j'ai dit par réflexe : "Mais quelle salope !" Celle qui m'a réveillé l'a pris pour elle. Ma prof de droit civil, en amphi. VDM

Aujourd'hui, je suis en cours d'anatomie. Nous sommes dans un amphithéâtre de quatre cents personnes et le professeur a l'habitude de nous faire deviner la fin de certains mots, que nous crions tous en chœur. Soudain : "Un caillot bloqué dans une veine est une phlé..." J'ai été la seule à crier : "BIIIITE !" VDM

Aujourd'hui, je demande à ma copine sur quoi elle travaille en cours. Elle me répond qu'elle apprend les cinq fonctions du sang et m'en cite quatre, mais impossible de se souvenir de la cinquième. Le soir venu, alors que nous faisons l'amour, elle hurle : "COAGULATION !" VDM

Aujourd'hui, alors que j'étais en train de dispenser un cours de droit à la faculté vers 19 heures dans un amphithéâtre à moitié vide, un élève au premier rang a sorti de son sac un saucisson, l'a découpé et en a proposé à ses voisins. VDM

Aujourd'hui, en cours de sciences politiques à la faculté, mon camarade a jugé bon de me faire rire quand je buvais à la bouteille. Mon réflexe ? Avaler, recracher, roter, m'étouffer et courir jusqu'à la sortie sous le regard dubitatif de mon professeur et des trois cents élèves. VDM

Aujourd'hui, soutenance de mon master devant le jury de la faculté. Après dix minutes de présentation, la présidente du jury m'interrompt et dit : "Est-ce que vous pourriez reprendre depuis le début, s'il vous plaît ? Je n'arrive pas à me concentrer avec votre braguette ouverte..." VDM

VDM + LA SUITE

Aujourd'hui, en pleine nuit, je croise mon nouveau colocataire sexy dans le couloir. J'étais en culotte et en haut de pyjama Hello Kitty. J'ai tellement tiré sur mon haut pour cacher ma culotte qu'un de mes seins est ressorti par le col. VDM

• **Commentaire de marion130892** à propos de sa VDM :

Avant toute chose, je voudrais préciser que OUI j'étais épilée et que si j'ai agi de cette façon (complètement débile, je vous l'accorde), c'est parce que je ne m'attendais pas du tout à croiser mon coloc à 3 heures du matin alors que j'allais aux toilettes qui sont situées juste à côté de ma chambre. Je me demande encore pourquoi j'ai voulu cacher ma culotte (qui n'était pas trop moche d'ailleurs), mais j'ai paniqué et vu que je n'étais pas bien réveillée... Bref, vous connaissez la suite.
Quant à nos réactions, moi, j'ai bien entendu caché tout ça et piqué un fard. Lui, il a eu un temps d'arrêt, a bégayé un "bonne nuit" et est rentré dans sa chambre.
Maintenant on rigole ensemble de cette petite "rencontre" dans le couloir.
Voilà !
P-S : Merci d'avoir validé ma VDM ! ;)

Aujourd'hui, je me suis rendu compte que j'habitais vraiment loin de ma faculté. Ce matin, à mon SMS qui disait : "Je viens de rater mon train. Tu pourrais dire au prof que j'arrive, s'il te plaît ?", on m'a répondu : "Mais ta gueule, y en a qui dorment, à cette heure-ci !" VDM

Aujourd'hui, je suis tellement conditionnée par le rythme de l'université que je suis descendue dans ma cuisine avec une pièce de 50 centimes pour me faire un café. VDM

Aujourd'hui, je me rends tranquillement à l'université pour un très court oral. Je me suis retrouvée coincée avec le professeur dans l'ascenseur, qui a tenu à en profiter pour m'interroger pendant plus d'une heure. VDM

Aujourd'hui, la page "liste des débouchés" de ma formation sur le site de l'université m'a affiché "404 not found". VDM

Aujourd'hui, je suis professeur de français dans une université en Ukraine. Au programme, débat sur la législation des armes. Pour argumenter ses propos, un de mes élèves a sorti un revolver et l'a posé sur la table. VDM

Aujourd'hui, inscription à la fac. Perdu dans le dédale des couloirs, je croise un homme qui semble aussi faire les cent pas : "Vous cherchez aussi une salle dans ce merdier ?" Réponse de l'intéressé : "Ah non, moi, je suis le président de l'université." Premier jour réussi. VDM

Aujourd'hui, en voulant éviter de me prendre un poteau, j'ai raté la marche du trottoir et me suis étalée au milieu de la route, le tout devant les caméras de l'université. En passant devant le poste de surveillance, le gardien est sorti et m'a serré la main en me disant : "C'était magnifique !" VDM

Aujourd'hui, partiels. J'ai passé plus de temps dans les transports que dans ma salle d'examen. VDM

Aujourd'hui, je reçois une lettre prioritaire de mon université. Persuadé qu'il s'agit de mon bulletin de notes final, je regroupe toute ma famille pour vivre ensemble ce grand moment. C'était un rappel de la bibliothèque. VDM

Au début j'ai cru que c'était juste un oubli.
À présent, je ne sais plus quoi penser.
31/08/2009
REC
Faites quelque chose je vous en supplie!
RIM RIM RIM RIM RIM
31/08/2009
REC
Je suis immobilisé ici depuis deux semaines
J'ai perdu tout espoir.
31/08/2009
REC
J'ai vraiment cru que j'allais y arriver.
J'étais si près du but!
31/08/2009
REC

Aujourd'hui, ma copine m'envoie un e-mail intitulé "Quelle émotion!" avec une vidéo en pièce jointe. On la voit en train d'interviewer mes caleçons et mes chaussettes qui traînent, et ils lui racontent leur détresse de ne pouvoir se déplacer tout seuls jusqu'au bac à linge. VDM

Aujourd'hui, je suis en fac de droit. Un étudiant assis à côté de moi dans l'amphithéâtre, le regard dans le vide, a lâché : "Mais qu'est-ce que je fais ici ? Pourquoi je fais tout ça ?" puis il s'est mis à pleurer. J'ai peur. VDM

Aujourd'hui, lors d'un cours d'histoire du droit pénal, notre prof nous explique que la principale méthode d'infanticide au Moyen Âge était la noyade. Aucune réaction dans l'amphithéâtre jusqu'à ce qu'il ajoute : "Comme les petits chats." Oooooh ! VDM

Aujourd'hui, vous connaissez tous la technique du "Je me mouche en même temps que je pète pour étouffer le bruit". Moi, j'ai pratiqué, sans le vouloir, la technique du "Je me mouche PUIS je pète"... dans un amphithéâtre de deux cents personnes. VDM

Aujourd'hui, je passe mes partiels. Comme mon ventre gargouille énormément dans le silence, la prof vient me voir, me jette un paquet de gâteaux et me dit : "Mange et ta gueule. Tu fais chier tout le monde !" Compris. VDM

Aujourd'hui, je passe mes partiels dans un endroit isolé. Pour le coup, je prévois comme repas une demi-baguette bien garnie préparée par mes soins. Midi arrive et, affamée, je jubile en mordant dans mon sandwich. Je n'ai pas pris le bon bout de la baguette. Celui que j'ai est vide. VDM

Aujourd'hui, partiel. Captivée par une partie de poker sur Internet, je me suis couchée tard hier. À moitié endormie pendant l'épreuve, ce n'est qu'en sortant de l'examen que je me rends compte qu'en évoquant Ohlin, économiste suédois, j'ai orthographié son nom "*all in*". Oui, oui, comme au poker. VDM

Aujourd'hui, jour de partiel. Je me suis aperçue en me levant que Jurisprudence, mon poisson acheté pour me motiver dans la réussite de mes examens, est mort dans la nuit. Serait-ce un signe ? VDM

Aujourd'hui, je prends un bain et en profite pour réviser mes partiels. On peut dire que mes révisions sont tombées à l'eau. VDM

Aujourd'hui, j'ai perdu ma bague à l'université. Un peu partout dans ma fac, j'ai donc posé des annonces sur lesquelles il est écrit : "Anneau perdu, me contacter au..." La seule réponse que j'aie pu obtenir jusqu'à maintenant, c'est : "Bien essayé, Sauron !" VDM

Aujourd'hui, partiel de droit civil. Comme d'habitude à un examen, je réfléchis en remuant silencieusement les lèvres tout en prenant soin de le cacher un peu à l'aide de mon poignet. Un surveillant m'a alors sérieusement soupçonné de parler à un complice à l'aide d'un micro caché dans ma montre. VDM

Aujourd'hui, je dois réviser mes partiels, mais mon voisin, accompagné par une charmante créature, m'empêche de me concentrer à cause des cris qu'il pousse en jouant aux petits chevaux. Non, ce n'est pas une métaphore pour dire qu'ils couchent ensemble. Ils jouent VRAIMENT aux petits chevaux. VDM

Aujourd'hui, j'ai appris deux choses. La première : être en retard pour un partiel n'est pas une excuse pour rouler en excès de vitesse. La seconde : le retrait du permis n'est pas un justificatif valable pour ne pas s'être présenté à un partiel. VDM

Aujourd'hui, un étudiant a posté la vidéo d'un de nos cours sur la page Facebook de mon université. À un moment donné, on me voit lever la main pour poser une question. On entend alors distinctement une fille au loin pouffer de rire et une autre murmurer : "Connasse…" VDM

Aujourd'hui, j'ai reçu une seconde lettre de refus d'admission à l'université. C'est bon, j'avais compris la première fois. VDM

Aujourd'hui, une de mes étudiantes souhaite inclure dans sa thèse universitaire la fameuse phrase de Neil Armstrong marchant sur la lune. J'ai du mal à lui faire admettre que "Vers l'infini et au-delà" est plutôt une réplique de *Toy Story*. VDM

Aujourd'hui, je suis allée à la première réunion des "Femmes prêtes à tout" de mon campus, bien décidée à m'investir enfin dans un mouvement féministe. Premier sujet de débat : la cuisson et le démoulage des cakes salés. VDM

VDM COMMENTÉE

Aujourd'hui, alors que je traîne une bonne gueule de bois de la veille, mon premier cours de chimie a porté sur les principes de sécurité en laboratoire. Une demi-heure d'écoute et de reconnaissance des différentes alarmes hurlantes. VDM

- Tu te rappelles ce mec naze qui a tenté de te draguer et que tu as jeté la nuit dernière ? Probablement pas car tu étais trop bourrée. Ben voilà… c'est sa revanche.
  par GOTxMILK
- Quand tu entends l'alarme "produits toxiques répandus", profites-en pour vomir ta cuite de la veille sur le sol.
  par HomeAlone

Aujourd'hui, non seulement j'étais en retard dans l'amphi, mais j'ai trébuché en arrivant. Applaudissements de la foule. J'ai alors voulu saluer mon public bien bas, trop bas, et j'ai fini en roulé-boulé dans le reste des escaliers. VDM

Aujourd'hui, je me suis endormi pendant le cours. Je me suis réveillé vingt minutes plus tard en me mordant la langue et en hurlant de douleur. VDM

Aujourd'hui, il neigeait sur le campus. Je me suis assis, nostalgique, sur un rebord de fenêtre. Une fille à la beauté irréelle est venue s'asseoir à côté de moi pour admirer le paysage. Je lui ai souri. Un instant de grâce. Sauf qu'elle s'est sauvée en disant : "Oh là là, y a de l'herpès dans l'air aujourd'hui !" VDM

Aujourd'hui, en révisant mes notes de chimie, j'ai bugué sur la compréhension de la notion de "l'eau solide". Je suis en master de chimie organique. C'est mon petit frère en CP qui a dû me l'expliquer : "Ben, c'est des glaçons, quoi." VDM

VDM COMMENTÉE

Aujourd'hui, en cours de psychologie, le prof a listé tous les points permettant de définir un sociopathe. J'ai reconnu mon fiancé dans chaque trait de sa description. VDM

- Ouais, grosso modo c'est l'étudiant stressé moyen, quoi.
  par bmwguy01
- Tout à coup j'ai un doute moi aussi… C'est quoi les symptômes ?
  par ChickInGreenVans
- Les sociopathes ne sont pas forcément des tueurs mais des manipulateurs. Charles Manson était un sociopathe qui utilisait des gens pour tuer pour lui. Cours !
  par thgiL

Aujourd'hui, j'ai fait la queue une demi-heure au resto U. Arrivé à la caisse, je me suis aperçu que j'avais laissé mon portefeuille dans ma chambre à vingt minutes de marche. VDM

Aujourd'hui, cours de sociologie sur les stéréotypes. On nous demande des exemples de stéréotypes admis par régions ou zones géographiques. Un étudiant dit : "Par exemple, on pense que les filles de Neuilly sont plus jolies que celles des autres banlieues." "Y a-t-il quelqu'un de Neuilly ?" demande le prof. Oui, moi, et je lève la main. Tout le monde a alors admis que ce n'était pas un bon exemple. VDM

Aujourd'hui, j'ai tapé une petite sieste dans l'anonymat d'un grand amphi. Le prof m'a réveillé avec une corne de brume dans l'oreille. J'ai paniqué et j'ai frappé la fille à côté de moi. VDM

Aujourd'hui, pique-nique en famille sur mon campus. Mon frère s'est amusé à secouer la canette de Coca de ma mère. Tous les étudiants ont alors applaudi au spectacle de ma mère s'agitant partout avec un geyser de Coca à la main, pendant que mon père lui criait : "Mets ta bouche dessus ! Aspire, Cathy, aspire !" VDM

Aujourd'hui, j'ai enfin compris que si mon logiciel de traitement de texte m'avait demandé un nom d'auteur lors de la première utilisation, c'était pour le marquer dans les infos de mes documents. Cela fait donc deux mois que mes professeurs d'université reçoivent des devoirs rédigés par "Le prince du Caca". VDM

VDM + LA SUITE

Aujourd'hui, on a étudié les troubles obsessionnels compulsifs en cours de psychologie. Quelqu'un a révélé à cette occasion mon sérieux problème avec le son du papier déchiré. Erreur. Tout le monde s'est alors ingénié à déchirer du papier pour savoir combien de temps pouvaient durer mes attaques de panique. VDM

• **Commentaire de Annieisnotokay** à propos de sa VDM :

Je dois préciser que ça n'a duré qu'environ cinq minutes. Ensuite je me suis évanouie. La plupart de mes amis savent que je souffre de ce symptôme et c'est ma meilleure amie en classe qui en a fait état, mais sans vouloir m'embarrasser. J'ai été diagnostiquée TOC depuis longtemps, ce qui affecte ma vie au quotidien. Par exemple je ne peux pas utiliser de papier en classe. Je n'en avais encore jamais souffert dans le regard des autres, cependant. Ce sont surtout les mecs du cours qui se sont comportés comme des imbéciles. Le prof a bien tenté de les faire stopper, mais il semble qu'il n'ait pas eu suffisamment d'autorité pour.

Aujourd'hui, j'ai commencé un nouveau job dans un restaurant universitaire. Mon chef m'a accueilli en me disant : "Alors champion, t'es enfin admis à l'université !" VDM

Aujourd'hui, on m'a rendu mes partiels de maths. Le correcteur a juste dessiné un smiley triste sur la copie. VDM

Aujourd'hui, grand départ pour mon université en province. La dernière chose que m'a mère m'a dite : "Et ne vire pas pédé, hein !" Je suis gay. VDM

Aujourd'hui, nous avons étudié le concept de la discrimination et notre prof a demandé qui parmi nous en avait déjà souffert. J'ai levé la main et le prof a dit : "Oui ? Parce que vous êtes roux ?" Heu non, c'est pas ce que je voulais dire. VDM

L'ÂGE ADULTE

7. LE MARIAGE ET LA VIE EN COUPLE

Aujourd'hui, ma maîtresse m'a envoyé une photo de mon alliance, oubliée sur sa table basse, avec pour légende : "Il y en a un qui va passer un sale moment." VDM

Aujourd'hui, après avoir dit au maire que oui, je désirais devenir la femme de mon compagnon, ce dernier a couru dans la mairie en chantant : "On est les champions, on est les champions !" puis a fait une glissade sur les genoux sur le parquet avant de lancer sa veste sur les invités. VDM

Aujourd'hui, en Guadeloupe, on s'initie à la randonnée subaquatique après avoir pris d'énormes coups de soleil. Au petit déjeuner, nous sympathisons avec un couple. Dans la conversation, ma femme s'écrie alors : "On est en voyage de noces, c'est super, mais qu'est-ce que j'ai mal aux fesses !" VDM

Aujourd'hui, tôt dans la matinée, mon alliance a roulé sous une commode. Ce soir, j'attends que mon chat me la restitue "physiquement". VDM

VDM COMMENTÉE

Aujourd'hui, au retour de notre voyage de noces au Mexique, nous visionnons les photos souvenirs avec mes beaux-parents. Paysages magnifiques, piscine turquoise, mes testicules dépassant du maillot de bain… VDM

- Ça part en… cacahuètes !
  par bobfiretux
- La photo aurait pu être parfaite. Avoue, t'as les boules :) ?
  par CentPourCent
- C'est un voyage de noces, il fallait évidemment refroidir le matériel. ^^»
  par Pandou
- Ça Mexique tout ça !
  par Marvikski
- Ben écoute, ils voulaient se joindre à la photo, voilà tout ! Faut pas chercher plus loin ! Et au final ils ont bronzé ?
  par oNatsuDragneelo

Aujourd'hui, j'ai demandé à ma copine si elle voulait se marier. Sa réponse, après quelques secondes de réflexion : "Oui, je pense." Puis, après encore quelques secondes de réflexion : "Ah mais, avec toi ?" VDM

Aujourd'hui, ma belle-mère a finalement félicité mon épouse de m'avoir choisi. "Au moins, personne ne te le prendra, celui-là." VDM

Aujourd'hui, repas en famille. À l'apéro, j'annonce à mes "beaux-parents" que je vais épouser leur fille. Mon futur beau-père a eu le temps de s'exclamer "Oh le con ! Oh le con !" avant de se coincer une cacahuète dans la gorge. VDM

Aujourd'hui, mon frère se marie. La belle-famille ne l'appréciant pas, l'ambiance est tendue. En sortant de la mairie, mon frère a porté sa nouvelle épouse dans ses bras. Le bruit sourd qu'a fait la tête de ma belle-sœur contre le chambranle de la porte n'a pas dégelé l'ambiance. VDM

Aujourd'hui, mon copain a trouvé une façon originale de me demander en mariage. Une horde d'enfants m'a apporté un à un des ballons gonflés à l'hélium, et mon chéri, le dernier, avec une bague accrochée à la ficelle. Sous l'émotion, j'ai lâché les ballons. Tous les ballons. VDM

Aujourd'hui, mon fiancé, fan inconditionnel de l'OM, envisage très sérieusement de venir à notre mariage en costume à motifs blancs et bleus. VDM

Aujourd'hui, ma compagne et moi rentrons de Bruges. Week-end romantique, puisque je voulais la demander en mariage sur l'une des calèches de la ville. Le cheval a eu la diarrhée. VDM

Aujourd'hui, mon mari a lourdement interrompu notre cérémonie de mariage pour faire répéter plusieurs fois de suite au maire la fameuse question "Consentez-vous à prendre pour époux..." et l'enregistrer avec ma réponse, car il voulait le mettre en sonnerie de portable. VDM

Aujourd'hui, mon mari me sort: «C'est magique, je laisse mes fringues sales par terre, et elles réapparaissent propres et pliées dans l'armoire.» Oui, c'est ça, magique. VDM

Aujourd'hui, ma moitié, très timide, m'a (enfin) demandée en mariage. Cela aurait pu être le plus beau jour de ma vie, la plus belle demande, si seulement il ne l'avait pas faite de l'autre côté de la porte des toilettes. VDM

Aujourd'hui, grand bonheur, je reçois enfin les photos officielles de mon mariage. Je les regarde toutes et je constate que sur les photos de couple nous ne sommes pas deux, mais trois. Oui, oui, trois. Moi, mon mari et le SDF qui urine dans la rivière derrière nous. VDM

Aujourd'hui, je me suis rendu compte que, sur la quasi-totalité des photos de mon mariage, un objet non identifié était coincé entre mes deux dents de devant. VDM

Aujourd'hui, lors d'un mariage, la mariée a lancé le bouquet. Ma copine l'a ramassé, m'a regardé droit dans les yeux, puis l'a donné à une autre fille. VDM

Aujourd'hui, mariage de mon oncle. C'est à ce moment que ma sœur a eu ses premières règles. Mon père, ne sachant pas quoi faire, n'a rien trouvé de mieux que de passer une annonce au micro pour demander si une femme avait des tampons et pouvait lui expliquer le fonctionnement. VDM

Aujourd'hui, au mariage de ma cousine, j'attrape le bouquet de la mariée. Ma mère se penche vers moi et me dit : "Oui bah, n'aie pas trop d'espoir non plus." VDM

Aujourd'hui, à mon mariage, au moment fatidique de la question "Voulez-vous prendre pour épouse Mlle X ici présente ?", j'ai mis dix secondes à répondre parce que je pensais à : "Non, mais je prendrais bien un Kiri." Ma nouvelle femme n'arrête pas de me demander pourquoi je rigolais. VDM

Aujourd'hui, je regarde mes photos de mariage. Les photos sont très belles, je suis ravie. J'arrive à la photo la plus importante : celle où mon mari et moi disons "oui". Sur la photo, mon mari croise les doigts. VDM

Aujourd'hui, j'enfile ma robe de mariage, prévu pour le mois d'août, pour la montrer à ma sœur par Webcam. Impossible de l'enlever. Seule chez moi, en robe de mariée, je ne vous raconte pas le moment de solitude. VDM

Aujourd'hui, ma femme veut vendre la robe de mariée que nous avions gardée en souvenir du mariage. Sur l'annonce était écrit : "Vends robe de mariée, portée une seule fois, par erreur." VDM

Aujourd'hui, manquant de ballons pour mon mariage, mon beau-frère a gonflé toute sa réserve de préservatifs. VDM

Aujourd'hui, mon pote m'annonce que le plan de table de son mariage est terminé. Il a pensé à moi pour la place libre entre "tonton-prout" et "tatie-qui-fuit". "Mais t'inquiète, me rassure-t-il, en face de toi, c'est "papi-crachou". C'est un marrant, lui." VDM

LES CHIFFRES MONTRENT UN NET PROGRÈS.
JE PROPOSE DONC UN RENDEZ-VOUS POUR SEPTEMBRE 2013.
EXCUSEZ-MOI.
CHÉRI...
JE SUIS EN RÉUNION, LÀ...
"CLAC"
BON.
LAMBERT, NOTEZ DANS SON AGENDA UN RENDEZ-VOUS LE 14 SEPTEMBRE.
TRÈS BIEN MONSIEUR BERTHIER.

Aujourd'hui, mon mari a dessiné de jolis petits pénis sur mon agenda professionnel aux prochaines dates où il voudrait me voir accomplir mon devoir conjugal. VDM

Aujourd'hui, après un week-end superbement romantique avec ma copine, je la demande en mariage. Comble du bonheur, elle accepte ! Au moment de lui passer la bague, ne pouvant réfréner mon excitation, je lui ai cassé l'annulaire. VDM

Aujourd'hui, au restaurant, je demande ma copine en mariage, à genoux. Elle dit "OUI !", tout le monde applaudit, elle me serre dans ses bras... et me chuchote : "Je t'ai sauvé la mise devant tout le monde, mais c'est hors de question !" VDM

Aujourd'hui, en découvrant mes photos de mariage, je m'aperçois que ma femme fait un *duck face* chaque fois. VDM

Aujourd'hui, j'ai découvert la vidéo de mon mariage. Au meilleur moment, lorsque je marche vers l'autel, on entend distinctement mon grand-père murmurer : "Et voilà la jolie mariée ! Toute niaise et toute boudinée !" VDM

Aujourd'hui, ma fiancée et moi, nous nous sommes mariés. Nous avions fait vœu d'abstinence jusqu'au mariage. Aujourd'hui, elle a ses règles. VDM

Aujourd'hui, à la fin de la cérémonie de notre mariage, ma femme a détourné la tête pour éviter le baiser. VDM

Aujourd'hui, pendant mon mariage, alors que je me tenais debout à côté de mon mari et face à tous nos invités, j'étais un peu nerveuse, alors je me suis mise à me balancer sur mes talons. Un peu trop. Je suis tombée en arrière. Au lieu de me secourir, mon mari à crié : "LA HONTE !" VDM

Aujourd'hui, ma meilleure amie nous a mariés. Pendant la cérémonie, elle m'a demandé : "Consentez-vous à prendre cet homme pour époux ?" J'ai dit oui. Elle lui a alors demandé : "Et toi, tu veux te taper ma copine ?" Tout le monde a ri, sauf nos parents, déjà réticents au mariage. VDM

VDM COMMENTÉE

Aujourd'hui, je déjeunais avec mon chéri, quand j'ai commencé à avaler de travers et à m'étouffer. Il a pris ça comme une opportunité de piquer de la nourriture dans mon assiette. VDM

- Question de priorités, ma vieille…
  par boating_guy
- Il avait faim quoi… Lâche-le un peu.
  par warriorsoul
- Au moins il n'a pas complètement ignoré la situation.
  par kingkong954

Aujourd'hui, mon fiancé m'a prise à part pour une discussion sérieuse. Il envisage de reporter notre mariage en raison d'un raid *World of Warcraft* organisé ce jour-là. VDM

Aujourd'hui, mon fiancé m'a informée qu'il ne voulait pas d'un gâteau de mariage classique mais d'un gâteau Batman. Moi, ça me va, sauf que le thème du mariage, qu'il a également choisi, est *Star Wars*. Je me marie avec un gosse, quoi. VDM

Aujourd'hui, je fais une surprise à mon chéri en rentrant chez moi plus tôt que prévu. Je me rends compte qu'il a préparé un dîner lui-même, accompagné de champagne et de roses. Toute émoustillée, je pars le retrouver dans la cuisine ; c'est alors qu'il me fait : "Tu ne devais pas ne rentrer que demain ?"... VDM

Aujourd'hui, je me suis levée tôt pour faire un petit dèj' royal à mon chéri : crêpes, café, jus de fruits... Je le réveille avec des petits mots doux et des bisous. D'un seul coup, il me repousse en disant : "Merci pour tout, ma chérie, mais, s'il te plaît, brosse-toi les dents, t'as une haleine de poney !" VDM

Aujourd'hui, j'ai voulu faire l'effort de me lever plus tôt pour aller chercher des croissants pour le petit déjeuner avec ma chérie. Elle s'est levée avec la gastro. VDM

Aujourd'hui, je faisais l'amour avec ma copine quand mon téléphone fixe a sonné. Naturellement j'ai laissé sonner. Au moment précis où j'atteignais le nirvana, j'entends la voix de ma mère qui me dit : "Bonjour mon chéri." VDM

Aujourd'hui, je me suis pris le petit orteil dans le coin de mon armoire. Je le montre à mon chéri pour qu'il constate les dégâts. Il me répond : "Y a rien, tes orteils ressemblent toujours autant à des Knacki Balls." VDM

Aujourd'hui, je déshabille ma femme qui est devant la télé et commence un massage pour la détendre en même temps qu'elle regarde son feuilleton. Après vingt minutes, à la fin de sa série, elle me dit : "T'aurais quand même pu me laisser regarder la télé tranquillement !" VDM

Aujourd'hui, on était dans le bois de Vincennes, 22 heures, à boire une canette. Trois policiers ont débarqué et m'ont demandé de rester à l'écart – je n'ai pas bien compris. Ils n'ont contrôlé que ma femme et l'ont finalement emmenée au poste en me plantant là. Les flics ont pris ma femme pour une pute. VDM

Aujourd'hui, j'étais en train d'installer une ampoule au plafond quand ma femme est entrée dans la pièce et m'a dit : "Bah tu vois rien, je t'allume la lumière !" Et elle l'a fait. VDM

Aujourd'hui, mon copain était allongé sur moi et me regardait d'un air passionné. Je croyais qu'il allait enfin me dire qu'il m'aimait mais quand il a ouvert la bouche c'était pour dire : "T'as une crotte de nez." VDM

Aujourd'hui, ma copine se plaint que je ne lui fais pas assez de bisous. Seul problème, son haleine m'indispose. Je lui réponds donc gentiment : "Bah, tu m'en fais pas non plus !" Résultat des courses, elle n'a pas arrêté de m'embrasser. VDM

Aujourd'hui, et depuis toujours, je m'appelle Mario et je mesure 1,55 m. Pour mon mariage, à la sortie de l'église, mes amis ont formé une haie d'honneur et m'ont jeté des champignons pour me faire grandir. VDM

Aujourd'hui, j'ai découvert que le mal de mer arrivait aussi en faisant l'amour sur le nouveau lit à eau de ma petite amie. VDM

Aujourd'hui, je me promène main dans la main avec ma maîtresse au bord de la plage, loin de chez moi, c'est plus sûr. J'ai croisé mon beau-père main dans la main avec une femme, mais pas la sienne. Équilibre de la terreur, nous ne dirons rien. VDM

Aujourd'hui, j'héberge ma meilleure amie, qui a un gros chagrin d'amour. Il y a environ une heure, elle est venue dormir entre mon mari et moi, car elle se "sentait seule". La nuit va être longue. VDM

Aujourd'hui, ma femme a décidé de mettre tout en œuvre pour arrêter de fumer. Désormais, elle ne pratique plus aucune activité qui lui donne envie d'allumer une cigarette. Le sexe en fait partie. VDM

Aujourd'hui, je suis enceinte et j'ai trouvé une façon originale de l'annoncer à mon mari. Je lui demande d'écouter ce que mon ventre a à lui dire. Il s'exécute, attentif, puis me lance en souriant : "J'en connais une qui veut faire un gros caca qui pue !" Enchaînez sur la bonne nouvelle, vous ! VDM

Aujourd'hui, ma chérie a décidé de me faire une soirée surprise. Tenue sexy, bar, chambre d'hôtel avec bougies pour l'ambiance. Très romantique. Surtout lorsqu'elle m'a dit entre deux vomissements : "J'ai trop bu, mais t'inquiète, ça va", la tête dans les toilettes. VDM

Aujourd'hui, mon mari revient d'un voyage d'affaires à l'autre bout du monde. Une des seules choses intéressantes qu'il ait trouvé à me ramener, c'est une boîte de thon portant mon nom. VDM

Aujourd'hui, pour mon anniversaire, mon mari m'amène dans le salon en me masquant les yeux avec ses mains. Il les retire et... rien. Je ne vois rien. Il me dit : "J'ai passé l'aspirateur !" VDM

Aujourd'hui, je reviens de voyage avec ma femme et nous atterrissons à Roissy. Je lui avais demandé de se souvenir de l'endroit où la voiture était garée. Sa réponse: "Entre une Golf et une Scénic." VDM

Aujourd'hui, en entrant dans la cuisine, je surprends mon mari en train de donner une petite tape sur les fesses de notre femme de ménage. Me voyant abasourdie, il me dit d'un air presque innocent: "Chérie, ce n'est pas ce que tu crois, elle vient de casser un verre!" VDM

VDM + LA SUITE

Aujourd'hui, en plein 69, ma copine a mis mon sexe sur son front et s'est écriée: "Je suis une licorne!" VDM

• **Commentaire de rock_on_baby** à propos de sa VDM:

Alors je suis la copine en question et je suis très étonnée que cette VDM soit publiée. ^^
Pour ceux qui n'y croient pas, ça s'est réellement produit aujourd'hui même. :-)
C'est vrai qu'on a eu un fou rire mais après on a continué et ça n'a rien gâché de ce moment!
Je pense que tout le monde a connu des moments drôles en pleine action! :)
Bien à vous,
La licorne :P

Aujourd'hui, mon mari me dit que les hommes sont tout à fait capables de faire deux choses à la fois. Je lui rétorque que non. Plus tard, alors que nous faisons l'amour, il prend un livre et m'en lit un extrait. VDM

Aujourd'hui, mon mari m'a dit : "Une fois, c'est pas tromper, c'est comparer." VDM

Aujourd'hui, mon copain souhaite me présenter une de ses amies du boulot. Nous prenons un café tous ensemble et mon copain ramène les tasses dans la cuisine, depuis laquelle il lance : "Ma chérie, tu peux venir voir, s'il te plaît ?" Nous sommes deux à nous être levées. VDM

Aujourd'hui, mon copain et moi commencions à nous mettre dans l'ambiance pour une petite séance, quand je suis montée sur lui et me suis penchée pour l'embrasser. Il s'est alors mis à rire et m'a confié que dans cette position je lui faisais penser à une vache avec ses mamelles. Puis il a voulu se rattraper : "Non mais une vache sexy, hein !!!" VDM

Aujourd'hui, après nos ébats, ma femme m'a dit merci. Non, non, pas un merci pour me remercier de ma performance, mais un merci d'être allé assez vite pour qu'elle ne rate pas le début de *Koh-Lanta*. VDM

Aujourd'hui, en pleine séance avec ma copine, j'essaye de me débarrasser de mon caleçon sans les mains, mais mon genou s'est coincé dans l'élastique. Je tente donc le passage en force avec le genou. Quand l'élastique a lâché d'un coup, mon genou est parti à fond dans l'estomac de ma copine. K-O direct. VDM

Aujourd'hui, j'ai préparé un plat de spaghettis pour ma copine. On a fait comme dans *La Belle et le Clochard*, quand ils se retrouvent à aspirer la même spaghetti pour se rejoindre bouche à bouche. Sauf que je me suis étouffé avec mon bout et que je le lui ai recraché au visage. VDM

Aujourd'hui, ma femme et moi étions invités à un mariage. Vers minuit (quand ils ont servi le fromage), nous tombions de sommeil, alors nous sommes allés taper une petite sieste dans la voiture. Nous nous sommes réveillés à 5 heures du matin, quand tout le monde était parti. VDM

Aujourd'hui, j'ai tenté un truc sexy avec de la crème Chantilly sur ma poitrine. Mon copain a refusé de se prêter au jeu car "ce truc est plein de calories". VDM

Aujourd'hui, nuit très arrosée dans un loft avec beaucoup de monde. Ma femme, bourrée, me chope dans les toilettes et nous faisons sauvagement l'amour. Plus tard dans la soirée, elle me voit de loin et vient me sauter dans les bras. "Oh, mon chéri, tu es enfin arrivé !" Autococufié. VDM

VDM + LA SUITE

Aujourd'hui, je me suis cassé le dos au sport. Je ne peux ni me pencher, ni lever les bras sans d'atroces douleurs. Mon mari cependant trouvé ça hilarant et s'évertue à disperser toutes les affaires dont j'ai besoin soit sur le sol, soit sur les étagères les plus hautes. VDM

• **Commentaire de AplJax3** à propos de sa VDM :

Oui, mon mari est un âne. Son petit manège a duré jusqu'à ce que, me penchant pour ramasser une de mes affaires, je laisse tomber une bouteille en plein sur son pied (pas tout à fait accidentellement). Après ça, vu le bleu sur son orteil, fini de rire pour lui. Match nul, balle au centre.

Aujourd'hui, à la question d'une de ses amies : "Et vous, vous utilisez quoi comme moyen de contraception ?", j'ai très clairement entendu ma femme répondre : "*World of Warcraft.*" VDM

Aujourd'hui, c'était la grosse tempête. Comme il n'y avait pas de bus, je suis allé à pied chez mon petit copain déprimé (le genre sensible et émotif) qui m'avait appelée en pleurant. Quand je suis arrivé là-bas complètement trempée, il m'a confié qu'il ne m'aimait plus et que ça le rendait triste. Je suis rentrée à pied. VDM

Aujourd'hui, je me suis habillée sexy et je me suis approchée de mon copain en lui murmurant qu'il avait le droit de faire tout ce qu'il voulait. Il est sorti faire un grand bonhomme de neige. VDM

Aujourd'hui, nous étions au restaurant avec mon copain au milieu d'autres couples. Il s'est mis à disserter sur le fait que "toutes les meufs mignonnes sont vraiment trop bêtes". Apparemment, je suis donc moche, ou stupide. VDM

Aujourd'hui, j'ai découvert que quand le couvercle du mixeur n'est pas bien fixé, il peut te voler à la figure et son contenu peut tout redécorer dans ta cuisine. J'ai aussi appris qu'après que tu t'es fait attaquer au sang par un couvercle de mixeur, ton copain peut te demander : "Il vient ou pas, ce milkshake ?" VDM

Aujourd'hui, mon copain est revenu après deux mois d'internat à New York. À l'aéroport, je l'ai vu courir vers moi et je l'imaginais m'enlacer fougueusement pour me faire tourner, comme dans les films. J'ai ouvert les bras et il est passé à côté en disant : "Je reviens, je dois faire caca !" VDM

Aujourd'hui, mon copain m'a offert une balance pour mon anniversaire. VDM

Aujourd'hui, mon mari a laissé son mobile à la maison. J'ai fouillé dans ses contacts pour découvrir une personne surnommée "La Salope". Suspicieuse, j'ai décidé d'appeler "La Salope" pour tirer ça au clair. C'est mon téléphone qui a sonné. VDM

Aujourd'hui, pendant la nuit, ma copine me murmure à l'oreille : "Tu dors ?" Moi, pour voir sa réaction, je ne réponds rien. Là, elle lâche un pet aussi bruyant que malodorant. Elle a secoué la couette, ri et s'est endormie. VDM

VDM + LA SUITE

Aujourd'hui, mon copain ne ronfle pas, ne grince pas des dents, ne parle pas en dormant et n'est pas somnambule. Non. Il chante. TOUTES les nuits. VDM

• **Commentaire de moii18 à propos de sa VDM :**

Alors oui, mon copain chante la nuit et en plus de ça il chante magnifiquement faux et en anglais la plupart du temps.
Cette nuit, à l'heure où la VDM a été publiée, il rendait hommage à Georges Moustaki et sa fameuse gueule de métèque...
Je me suis sentie obligée de poster une VDM et vous remercie de l'avoir acceptée. :)

VDM

TOTALE RÉVÉLATION

Sur le site Viedemerde.fr, il y a deux options de vote : "Je valide, c'est une VDM" et "Tu l'as bien mérité". À ses débuts, cette dernière s'appelait "Bien fait pour ta gueule".

Aujourd'hui, ma femme a hurlé parce qu'il y avait une araignée dans notre chambre. Maintenant, elle ne m'adresse plus la parole parce que je l'ai tuée "sans aucune pitié". VDM

Aujourd'hui, alors que je regarde tranquillement un match de foot dans mon lit, ma femme arrive avec un regard coquin. Elle sort des menottes de sa poche et commence à m'attacher au lit. Amusé, je me laisse faire. Une fois que je suis attaché, elle prend la télécommande de mes mains et change de chaîne. VDM

8. LE TRAVAIL

Aujourd'hui, mon tout premier stage d'externe en médecine, mon tout premier patient de toute ma vie. Il est mort alors que j'étais en train de lui faire une prise de sang. VDM

Aujourd'hui, j'ai voulu faire le malin et montrer à mes collègues comment je pouvais allumer à distance la Webcam qui est chez moi. Ainsi, nous avons appris tous ensemble que je suis cocu. Je ne sais pas encore si je vais divorcer, mais c'est sûr que je vais arrêter la bidouille informatique. VDM

Aujourd'hui, contrôle d'alcoolémie en sortie de boîte. C'est moi qui contrôle (je suis gendarme). Deuxième voiture de la soirée. Elle me paraît connue. Ma femme et son amant. VDM

Aujourd'hui, je m'autorise un solitaire sur l'ordinateur pendant que mes élèves font une interrogation. "Hé, monsieur, bougez le six de cœur !" J'ai laissé le câble sur le vidéoprojecteur. VDM

Aujourd'hui, mon patron m'a augmenté pour se faire pardonner d'avoir couché avec ma femme. VDM

Aujourd'hui, je travaille chez McDonald's. Mon copain m'a quittée à travers le McDrive. VDM

Aujourd'hui, premier jour en tant qu'interne en médecine dans un nouveau service. Je suis en train de faire un toucher rectal à un patient quand mon chef, pour me bizuter, arrive en hurlant, affolé : "Mais qui êtes-vous ?! Vous n'êtes même pas médecin ! Sale perverse !" La gueule du patient... VDM

Aujourd'hui, je suis maître nageur et mes collègues m'ont donné du Viagra à mon insu lors de ma pause. VDM

Aujourd'hui, en réunion de travail, je me retiens d'éternuer pour éviter de faire du bruit. En me retenant, j'ai pété. VDM

Aujourd'hui, je présente un PowerPoint devant le comité de direction. Mon Outlook est en veille et, en pleine présentation, une petite fenêtre d'alerte e-mail apparaît sur l'écran avec pour objet "Notre réponse à votre candidature de directeur marketing". VDM

Aujourd'hui, je suis tellement une larve au boulot que la lumière dans mon bureau, commandée par un détecteur de mouvement, s'est éteinte. VDM

Aujourd'hui, journée déguisée au bureau. C'est en arrivant habillée en lapin que j'ai compris que je m'étais trompée de date. VDM

Aujourd'hui, j'entre dans le bureau et, voyant celui du stagiaire vide, demande à ma collègue : "Il est pas là, le petit con ?" Bah si, il rebranchait l'imprimante sous le bureau. VDM

VDM COMMENTÉE

Aujourd'hui, entretien pour un job. À une heure et demie du rendez-vous, je me suis cassé une dent de devant. Pendant une heure, mon mari m'a consolée, me disant que ça ne se voyait pas. À mon départ, il a lancé : "Bonne chance, Jacquouille !" VDM

- Et comment fa fé pafé ?
  par ta6turne
- Est-ce qu'au moins ton entretien a été OKAAAAY ?
  par zambro
- Et t'as été prise ? C'est dans laquelle, dent-treprise ?
  par xdelyciah
- Avec une telle poisse, j'aurais vérifié mon horoscope du jour, le signe et la sans dents.
  par Filet_o_Fish
- Tu peux essayer de la jouer mélodramatique : "C'est à cause de mon mari... il me faut absolument ce job, vous comprenez ?"
  par Lessaim

Aujourd'hui, seul dans mon bureau, j'ai voulu lâcher un petit pet discret. Tout ne s'est pas passé comme prévu. Je suis au boulot, je n'ai pas de slip de rechange et je travaille à 45 kilomètres de chez moi. La journée va être longue. VDM

Aujourd'hui, je me lève la tête dans le cul, je m'habille comme d'habitude, sauf que je me suis aperçu que le réveil n'avait jamais sonné et qu'il n'était que 3 heures du mat'. VDM

Aujourd'hui, j'essayais de joindre mon chef sur son téléphone. Au bout de cinq sonneries, je dis : "Mais il va répondre, cet enculé ?!" À ce moment-là, j'entends : "L'enculé vous écoute..." VDM

Aujourd'hui, pour la première fois de ma carrière j'ai l'occasion de présenter mes travaux devant cent cinquante scientifiques réunis en congrès. J'ai répété suffisamment pour éviter les blancs. Sauf que j'étais tellement stressé que je me suis évanoui quelques secondes au milieu de mon discours. VDM

Aujourd'hui, j'ai acheté un paquet de Schtroumpfs, les bonbons gélifiés, et je m'en suis enfilé les trois quarts en stage ce matin. Ce que je ne savais pas, c'est que ces fichus bonbons ont un colorant puissant. J'ai la langue toute bleue et une présentation dans dix minutes devant des clients. VDM

Aujourd'hui, je travaille tard. Seul dans le bureau, avec mon casque sur les oreilles et une digestion qui passe mal, je me lâche, façon guerre bactériologique... "Bonsoir !" lance la femme de ménage qui venait d'entrer. VDM

Aujourd'hui, je me suis fait virer de mon boulot. Mon patron était mon père. VDM

Aujourd'hui, pendant une réunion avec dix personnes, je dessine le schéma d'une nouvelle installation industrielle. De retour dans mon bureau, je me rends compte que le schéma ressemble avec précision à un pénis. VDM

Aujourd'hui, j'enseigne rapidement la notion de pesanteur à mes élèves de CE1. «Quand je saute, pourquoi est-ce qu'au lieu de m'envoler dans les airs, je retombe au sol ?» Réponse immédiate de l'un de mes élèves : «Parce que tu es grosse.» VDM

Aujourd'hui, lors d'un entretien d'embauche, mon interlocuteur m'a posé une question assez pointue. En réfléchissant, je me suis passé la main dans les cheveux et là est tombée sur le bureau... une araignée morte. Environ 1,5 cm et donc bien visible... Je m'étais pourtant lavé les cheveux. VDM

Aujourd'hui, un nouveau collègue de bureau (j'ai été embauché récemment) a fini sa phrase par un clin d'œil très appuyé. Je lui ai répondu en finissant ma phrase par un clin d'œil encore plus marqué. Son regard s'est assombri. Il est tout simplement victime de tics et me déteste déjà. VDM

Aujourd'hui, un collègue, qui est l'assistant de la responsable du personnel, vient me voir et me dit qu'aura lieu vendredi une petite fête pour mon pot de départ. Je suis ravie, mais devrais-je lui dire qu'il vient de m'apprendre que mon CDD ne sera pas renouvelé ? VDM

Aujourd'hui, j'ai organisé un pot pour fêter mon anniversaire et mes cinq ans d'ancienneté dans ma boîte. Mon boss m'a dit : "Continuez comme ça, François ! On est contents de vous !" Je m'appelle Bernard... VDM

Aujourd'hui, au boulot, j'ai utilisé un ordinateur pour draguer en ligne sur MSN. C'était la machine connectée au vidéoprojecteur de la salle de formation pleine à craquer. VDM

Aujourd'hui, j'ai eu un entretien d'embauche super important par téléphone pour mon premier emploi junior. Ma mère, qui était à l'étage, a décroché le deuxième combiné pour m'engueuler... parce que je n'avais pas ramassé mes caleçons sales dans ma chambre. Je crois pas que j'aurai le taf. VDM

Aujourd'hui, alors que j'étais au travail en train d'expliquer quelque chose de très important à un client, la mouche qui nous tournait autour depuis cinq minutes a décidé de venir se loger brusquement dans mon nez. J'ai crié en me débattant sous le regard ahuri de mon cher client. VDM

Aujourd'hui, je fais mes deux heures de contrat de maintenance chez un client. Il m'informe que je vais rester seul, il a des courses à faire et n'en a pas pour longtemps. Ça fait trois heures que j'ai terminé et son molosse m'empêche de sortir du bureau pour aller aux petits coins, ça presse... VDM

DÉLICATEMENT TIRER SUR LA SERVIETTE...
ET TIN DIN !! TU OBTIENS UNE MAGNIFIQUE FLEUR DE LOTUS.
EN À PEINE CINQ MINUTES.
ALLEZ, AU BOULOT ! TU ME FAIS ÇA POUR LES 125 COUVERTS.
EUH... ON EST VRAIMENT OBLIGÉS ?
OBLIGÉS ?!?
ON ORGANISE UN MARIAGE AU CHÂTEAU BOMPAIR !!
C'EST PAS LA BRASSERIE DU VILLAGE ICI.

Aujourd'hui, je travaille avec un traiteur pour un mariage. Nous réalisons un pliage de serviettes qui nous donne beaucoup de mal et nous prend une bonne partie de l'après-midi. À peine dix minutes après que les invités se sont assis, le DJ passe *Tourner les serviettes*. VDM

Aujourd'hui, je prends une pause-café. Je monte trois étages. Plus de café dans la machine. Je décide d'en refaire. Plus de café. Je descends en acheter. Je remonte. Plus de filtres. Je redescends. Trente minutes après, enfin une tasse et je retourne à mon poste. Ma chef : "La pause, chez nous, c'est dix minutes." VDM

Aujourd'hui, je viens de commencer un nouveau taf en boulangerie. J'ai fait tomber un sac de 50 kilos de farine sur le climatiseur. Il a succombé à ses blessures. Sympa de bosser avec un four à 300 °C sans clim, mes nouveaux collègues m'adorent déjà. VDM

Aujourd'hui, au bureau, j'ai effectué ma corvée du jour en vidant le bac de la grosse perforatrice. Je pose le bac plein sur le bureau et le téléphone sonne. Je vais répondre et regarde le ventilateur se tourner vers le bac... un seul passage aura suffi. Mon chef en rit encore. VDM

Aujourd'hui, j'ai entendu le surnom que me donnent mes collègues de travail. Je suis d'origine portugaise et un peu ronde. Ils m'appellent Kiwi. VDM

Aujourd'hui, je suis animateur de centre aéré et on sort à la piscine. Tout le monde s'amuse et les enfants m'énervent, donc je décide de les noyer gentiment un par un, et il m'en a fallu du temps pour que je comprenne que j'étais en train de noyer un enfant inconnu et innocent. VDM

Aujourd'hui, je suis militaire et on dort à six par piaule. Je viens de découvrir le champion toutes catégories du ronflement. C'est un mélange entre les essais moteur d'un Boeing, une carreleuse et un homme qui meurt égorgé toutes les cinq minutes. VDM

Aujourd'hui, infirmier, j'étais chargé de faire les prélèvements pour le don de sang. Une jeune fille s'est installée devant moi. Au moment où j'allais commencer, elle m'a pris le bras et m'a dit : "Oh, mon Edward ! Mords-moi sans hésitation et je deviendrai tienne." VDM

Aujourd'hui, mon université a oublié de louer la salle qui permet aux étudiants de passer leurs examens depuis vingt ans. Je les passerai... dans une patinoire, où il est vivement conseillé d'être chaudement vêtu. VDM

VDM + LA SUITE

Aujourd'hui, en roulant pour aller au boulot, une guêpe est entrée dans ma voiture. À cause de mes tentatives frénétiques pour la faire sortir, je me suis fait contrôler par la police pour conduite en état d'ivresse. VDM

• **Commentaire de chaoticcupcake** à propos de sa VDM :

Je suis extrêmement allergique aux piqûres de guêpes et d'abeilles. Quand je me suis aperçu que j'en avais une dans la voiture, j'ai paniqué au lieu de m'arrêter avant de tenter de la faire sortir. Quand on a peur, le cerveau ne prend pas toujours les bonnes décisions. Je ne me suis même pas aperçu du gyrophare de la voiture de police derrière moi avant qu'ils ne lancent le son de la sirène. Je me suis rangé et suis vite sorti de ma voiture. Ils m'ont immédiatement fait souffler dans le ballon, et heureusement le test était négatif. Le policier a été sympa, il m'a ensuite aidé à faire sortir la guêpe de ma voiture.

Aujourd'hui, c'est le grand ménage d'été au bureau. Ma boss me demande d'aller broyer une pile de documents. J'y vais gaiement et m'aperçois ensuite que plus de la moitié sont des documents que j'ai réalisés au cours de l'année. VDM

Aujourd'hui, je suis caissière dans un magasin. Une mère et son petit garçon s'approchent de ma caisse pour payer quand celui-ci dit : "Maman, on ne pourrait pas aller payer à une caisse avec une jolie caissière ?" VDM

Aujourd'hui, je garde un hôtel. Les plombs sautent, je cherche à tâtons le bouton pour les remettre en marche. J'appuie par inadvertance sur le bouton d'évacuation générale. Il est 23 h 30 et l'hôtel est complet. VDM

Aujourd'hui, ma conseillère Pôle emploi est venue manger dans le resto où je suis serveur. Au black. VDM

Aujourd'hui, voulant proposer un café à mes collègues, j'ai en fait dit : "Je vais aux toilettes. Quelqu'un veut boire quelque chose ?" Je suis maintenant le seul sur trois à pouvoir répondre au téléphone à cause de leur fou rire incontrôlable. VDM

Aujourd'hui, j'ai appris que mon surnom au boulot était «la molaire». Parce que je suis la grosse du fond. VDM

Aujourd'hui, je suis balisticien dans la police scientifique. Ma copine me présente donc comme "spécialiste en trous de balle" à tous ses amis. VDM

Aujourd'hui, mon chef vient de m'annoncer que mon dynamisme avait été remarqué et que j'allais avoir une promotion. Je ne vais plus être Riri, le neveu de Donald, mais Dingo, l'ami de Mickey, chez Disney. VDM

Aujourd'hui, ma collègue me dit : "J'ai mal au crâne avec cette odeur qui empeste notre bureau." Discrètement, j'ai remis mes chaussures... VDM

Aujourd'hui, mon bureau a été inondé. En attendant les travaux, je dois partager un espace plutôt restreint avec ma collègue bretonne, qui a le mal du pays et qui écoute de la musique celtique en chantant à tue-tête et en tapant du pied. Toute la journée. VDM

Aujourd'hui, échange amical de textos avec mon patron après un week-end sportif organisé par la boîte. Au lieu de lui écrire "j'ai des courbatures partout", mon T9 a écrit "j'ai des courgettes prout". J'appréhende la réponse. VDM

Aujourd'hui, ça fait un mois que je suis enceinte. Je suis contrôleuse de train, j'ai poinçonné une vingtaine de fois en gémissant le billet d'un client et... je me suis mise à pleurer. J'ai hâte de voir la suite. VDM

Aujourd'hui, je joue avec le tableau blanc du bureau. Je dessine un phallus géant avec un feutre... indélébile ! Maintenant, j'essaie de faire passer ça pour un lapin géant : j'ajoute les oreilles, les dents. Bref, une catastrophe ! Le patron arrive dans cinq minutes et je suis seul dans le bureau. VDM

Aujourd'hui, comme depuis un mois, j'arrose les fleurs de ma commune. Ce matin, j'ai décidé de mettre de l'engrais. J'ai mis la dose… sauf que je me suis trompé de boîte et que j'ai mis du désherbant. J'ai arrosé toutes les fleurs de la commune. J'appréhende le résultat. VDM

Aujourd'hui, je sélectionne des portraits pour le trombinoscope de mon équipe, mais j'hésite entre deux photos de mon chef. Je lui écris pour prendre son avis. "Tu préfères avec ou sans les dents ?" J'ai oublié les pièces jointes. VDM

Aujourd'hui, je dois travailler chez McDo pour payer mes études de nutritionniste. VDM

Aujourd'hui, étant prof de maths au lycée, je demande à un petit malin très bavard de venir faire le cours à ma place s'il souhaite parler. Non seulement il est venu, mais il a expliqué correctement et les élèves le préfèrent à moi. VDM

Aujourd'hui, mes collègues n'ont rien trouvé de mieux que de me refaire mon badge en inscrivant "gynécologue" dessus et de le remettre dans mon vestiaire. J'ai travaillé avec ça toute la matinée, dans le magasin de bricolage où je bosse au rayon plomberie/sanitaire. VDM

Aujourd'hui, étudiante infirmière, je travaille dans une maison de retraite. J'arrive dans la chambre d'une grand-mère. Au moment de la petite toilette, elle émet un cri. Croyant que je lui ai fait mal, je m'arrête et lui demande : "Ça va ?" Elle me répond : "Oh oui, vas-y, continue." VDM

Aujourd'hui, je suis en salle de pause avec mes collègues et notre boss détestable. Comme toujours, ce dernier parle fort, persuadé que ses blagues sont drôles. La fenêtre est ouverte, il fait froid. Comme il est assis à côté, je lui demande avec spontanéité : "Cédric, peux-tu fermer ta gueule ?" Lapsus. VDM

Aujourd'hui, alors que je discute avec une collègue, assise dans le hall d'entrée de notre entreprise, le grand patron passe et lance un amical : "On dirait les petits vieux sur leur banc dans *Astérix en Corse*." Et moi de répondre : "Eh oui, on fait comme eux, on regarde les sangliers passer." Oups. VDM

Aujourd'hui, je crois que mon travail me tape sur le système. Je vais aux toilettes pour la grosse commission, me déculotte et m'assois sur le trône. Rien d'anormal jusqu'à ce que je me retourne pour attraper ma ceinture de sécurité. Oui, je suis routier. VDM

Aujourd'hui, je suis avocat. Mon client est accusé d'avoir délibérément laissé son chien en liberté, lequel a tué les poules d'un fermier en les "secouant". Mon client a affirmé pour sa défense : "Moi, j'en ai secoué, des poules, et y en a aucune qui est morte !" Pour mon fou rire, VDM.

Aujourd'hui, je suis femme de ménage dans un collège. J'ai mis cinq bonnes minutes à effacer un tableau noir presque blanc tellement il était chargé d'écritures. En finissant, je me suis rendu compte qu'il y avait écrit, dans un petit coin en bas à droite : "Ne pas effacer SVP." VDM

Aujourd'hui, je peux accrocher sur le mur de ma chambre mes diplômes : brevet, bac, DEUG, licence, master 2 et l'ultime : mon attestation de Pôle emploi. VDM

VDM COMMENTÉE

Aujourd'hui, je prends un traitement qui me provoque des gaz violents et douloureux. Je travaille dans un open space très silencieux. Silencieux à quel point ? La semaine dernière, j'ai entendu tomber un trombone sur la moquette, trois bureaux derrière moi. VDM

- T'as qu'à jeter un autre trombone pour masquer le son.
  par YacL
- Installe-toi sur une chaise roulante de bureau et laisse les gaz te propulser à travers l'*open space*. Tant qu'à te faire remarquer, fais-le avec panache.
  par DrewsFML
- Pète autant que tu veux et accuse quelqu'un d'autre chaque fois.
  par Pufferfish78
- Premier truc à faire en arrivant le lundi matin, tu vas voir ton boss et tu lui dis : "Hé mec, tire sur mon doigt !"
  par bubo

9. LES PARENTS

VDM + LA SUITE

Aujourd'hui, mon dentiste a été pris d'un fou rire et a dû arrêter de soigner ma mère le temps de reprendre son souffle quand il a remarqué que je hochais la tête au même rythme que la danseuse hawaïenne sur son bureau. VDM

• **Commentaire de ambredu74 à propos de sa VDM :**

Youhou, on a publié ma VDM, je peux mourir en paix ! (Merci pour vos commentaires qui m'ont bien fait rire.)
En fait, ce qui s'est passé, c'est que j'me suis levée à 8 heures pour aller chez le dentiste et m'entendre dire que... j'avais rien. Donc ma mère en profite pour se faire soigner. Vacances obliges, personne ne répond à tes textos à 8 h 30. Je décide donc d'examiner le cabinet. Bureau en verre, chaises transparentes, murs gris, tableaux d'art abstrait sombres... Tout à coup je l'aperçois.
The danseuse. La même que dans le camion à tonton Dédé. La fourbe profite de ma fatigue pour m'hypnotiser et je me cale sur ses mouvements.
Et là j'entends pouffer. Je me rends compte de ce que je fais, je me retourne et vois le dentiste sur son tabouret avec un fou rire silencieux. Genre tu t'rappelles un truc et tu ris comme un con tout seul. Ça a duré vingt secondes puis il a fait le geste de la main en arrière qui veut dire "Ah, c'est con" et il a recommencé à soigner ma mère.
Sur ce, *aloha*, chers concitoyens.

Aujourd'hui, alors que je suis dans la salle de bains en train de tirer mon lait pour notre bébé, mon mari se met derrière la porte et prend un malin plaisir à faire des "Meuuuuuh" pour me déconcentrer. VDM

Aujourd'hui, mon compagnon est allé nourrir les cygnes derrière chez nous avec notre fils de quinze mois. Mon compagnon leur a jeté du pain. Mon fils leur a jeté mes clés de voiture. VDM

Aujourd'hui, je vais à l'église accompagné de mon fils. Le prêtre termine son sermon par un "amen" solennel. Mon fils a profité du profond silence qui s'est ensuivi pour lancer un grand : "CHAUSSÉÉE AUX MOIIIINES !" à pleine voix. VDM

Aujourd'hui, les enfants décident de faire un bonhomme de neige dans le jardin. Au bout de vingt minutes, ils reviennent me voir et me demandent une carotte et deux clémentines. Sauf qu'ils ne les ont pas placées aux endroits que j'envisageais. VDM

Aujourd'hui, au petit déjeuner, mon fils de cinq ans se met à chanter : "Allons zenfants de la patriiiiiiieeeee !!" Amusée, je lui demande s'il sait ce qu'est cette chanson. Il répond : "Ben ouais ! C'est pour présenter le foot !" VDM

Aujourd'hui, j'écoute mes enfants de cinq et sept ans discuter. "Imagine que t'as des oreilles d'éléphant. – Et toi, imagine que t'as une haleine de baleine." Je m'attendris, ils sont tellement chou. Jusqu'au moment où l'aîné dit : "Oh non, imagine que t'as les fesses de maman !" VDM

Aujourd'hui, mon fils de sept ans a mis une araignée dans le micro-ondes. Cruauté infantile ? Non, non, le but était de l'irradier pour qu'ensuite elle le morde et qu'il devienne Spider-Man. VDM

Aujourd'hui, je joue avec mon fils de trois ans au jeu des goûts. À tour de rôle, l'un plonge son doigt dans une saveur – chocolat, miel, sel, sucre – puis dans la bouche de l'autre qui a les yeux fermés et doit deviner. Il me fait goûter mais je sèche. La réponse : "C'était dans mon nez !" VDM

VDM COMMENTÉE

Aujourd'hui, ma fille de six ans me pose LA question : comment on fait les bébés ? Je lui construis une jolie métaphore dans laquelle les spermatozoïdes sont de petits serpents, les ovules, des petits œufs, etc. Sa seule question ? "Les petits serpents, ça se mange ?" Je n'ai pas su quoi répondre. VDM

- Non, ça s'avale.
  par Patattte
- Sexe c'est difficile de répondre à ça !
  par nath88
- Et pendant ce temps-là, nageant frénétiquement dans des milliers de bouches à la surface de la planète, des milliards de spermatozoïdes disent aux copains : "Demi-tour, c'est juste une pipe !"
  par CrazyFunPiano
- Elle a tué dans l'œuf ton explication...
  par misserable

Aujourd'hui, ma petite sœur n'avait pas envie d'aller à l'école. Pour faire croire qu'elle était malade, elle avait des tas de possibilités. Mais c'est sûr que créer du faux vomi avec de l'eau, des bouts de pain et des paillettes, puis le mettre dans un seau, c'est tellement plus crédible. VDM

Aujourd'hui, je joue avec mon bébé de cinq mois. Moi sur le dos et lui assis sur mon ventre. Avant, arrière, avant, arrière. Il se marre et ça me faire rire... jusqu'à ce qu'il me rappelle à sa façon qu'il a pris le biberon dix minutes plus tôt. VDM

Aujourd'hui, ma fille de cinq ans rentre de l'école. Il fait froid et elle est très fatiguée. Je lui dis : "Enlève tes chaussettes et mouche-toi." Elle a effectivement pris sa chaussette et s'est mouchée dedans. VDM

Aujourd'hui, ma femme a trouvé LA phrase qui terrorise tellement nos enfants qu'ils en arrêtent immédiatement toutes leurs bêtises : "Attention, si vous n'êtes pas sages, c'est papa qui prépare le dîner." VDM

Aujourd'hui, ma fille m'a demandé comment épeler "orange". "O-R-A-N-G-E", j'ai répondu. Elle a dit : "Non, je veux dire la couleur, pas le fruit." Elle a seize ans. VDM

Aujourd'hui, mes deux fils de quatre et cinq ans ont décidé de jouer aux policiers avec les menottes en fourrure trouvées dans la table de nuit de maman. VDM

Aujourd'hui, ma fille de cinq ans vient me dire qu'elle a envie de vomir. Je lui dis d'aller vite aux toilettes. Je la rejoins et la retrouve effectivement assise sur les toilettes en train de vomir par terre. VDM

Aujourd'hui, je vais voir ma fille participer à un spectacle avec sa classe. Pendant le spectacle, ma fille s'évanouit ; je me lève en appelant à l'aide. Ma fille se relève et me regarde bizarrement, toute la salle rigole. C'était écrit dans le script. VDM

Aujourd'hui, en rentrant en voiture, je me fais arrêter par un agent auquel je soutiens fermement que oui, je suis passée à l'orange, mais pas au rouge. Intervention immédiate de mon fils : "Ah si, maman, il était rouge !" VDM

C'EST L'HISTOIRE DE LA VIIIIIIIIE !!!
C'EST À CAUSE DU FILM.
PARDON ?
MEOW
BEN OUI, ILS ONT PASSÉ LE ROI LION SUR LA UNE HIER !
RHOLALA !
MON FILS A A-DO-RÉ !
IL SE PREND POUR LE ROI DES ANIMAUX !
TROP CHOUPI !
VOUS L'AVEZ REGARDÉ ?
HIHIHIHI !
OH, LES ENFANTS HEIN !

Aujourd'hui, je connais l'histoire du chat qui revit la scène de la présentation de Simba dans *Le Roi lion*, mais je ne connaissais pas la version de mon fils de quatre ans mangeant une limace du jardin en chantant à tue-tête *Hakuna Matata*. VDM

Aujourd'hui, mon fils de neuf ans, bien décidé à me faire payer le fait que j'ai refusé de lui acheter un jeu pour sa console, a volontairement détaché sa ceinture de sécurité au moment où nous avons croisé les gendarmes en voiture. VDM

Aujourd'hui, je me fais une tartine de Nutella. Par la suite je change la couche de mon enfant. Quelques instants plus tard, je lèche le bout de mon doigt, pensant que c'est du Nutella... Grave erreur. VDM

Aujourd'hui, ma fille de six ans a dit à la caisse du supermarché : "Papa, j'ai mal avec le truc que tu as mis dans mon cucul." Le truc, c'est un suppositoire. VDM

Aujourd'hui, j'amène ma fille de trois ans à l'école. Comme tous les matins, chaque fois qu'une personne rentre dans l'ascenseur, elle fait sa timide et se cache derrière moi. Elle a attendu que l'ascenseur soit rempli de monde pour crier : "Maman, ça sent pas bon, tes fesses !" VDM

Aujourd'hui, mon mari a accroché une veilleuse au-dessus du lit de notre garçon de trois semaines. Une veilleuse qui joue la musique de la Ligue des champions. VDM

Aujourd'hui, j'ai un beau bébé de trois mois un peu rondelet. J'entends mon mari lui parler : "T'as les beaux yeux de papa ! Oui ! Et le sourire de papa ! ET LES CUISSES DE MAMAAAAN !" VDM

Aujourd'hui, je suis malade. C'est donc mon mari qui, pour la première fois, emmène les enfants à l'école. Il s'est perdu. VDM

Aujourd'hui, mon mari et ma fille de deux ans et demi se sont retrouvés coincés dans les embouteillages. Quand ils sont enfin revenus, j'ai demandé à ma fille ce qu'elle avait appris dans la journée (elle est à la crèche). Elle m'a répondu : "Quand ça fait "tut tut", on dit "putain" !" VDM

Aujourd'hui, je faisais la queue au supermarché avec mon fils de trois ans. Il tenait son paquet de yaourts avec un dessin de vache rigolo. Il a crié : "Maman, regarde la grosse vache avec ses lunettes de soleil !" La femme obèse devant nous s'est retournée avec un regard assassin, derrière ses lunettes de soleil. VDM

Aujourd'hui, j'ai tenté de mentir à mes parents pour la première fois. Ma mère est neuroscientifique et mon père, psychologue. Ils ont réussi à me faire admettre mon mensonge avant même que je le finisse. VDM

Aujourd'hui, ma fille s'est fait tatouer la phrase "Toujours classe, jamais pétasse" au bas de son dos. Je n'ai toujours pas réussi à lui faire saisir l'ironie de la formulation. VDM

Aujourd'hui, mon fils de dix-huit ans a décidé de frotter sa main sur notre clôture en bois pour attraper une écharde, car il était "curieux de la sensation". Le mois dernier, il s'est poignardé le bras avec une aiguille parce qu'il avait "oublié comment ça fait une piqûre". J'ai élevé ce crétin. VDM

Aujourd'hui, ma fille sort retrouver son petit copain. Soudain, elle revient en trombe à la maison en s'écriant : "J'ai oublié de prendre ma pilule !" Ce n'est pas le genre de truc qu'un père veut entendre. VDM

Aujourd'hui, j'ai dû expliquer calmement à mon fils que "analogie" est un procédé littéraire, pas une catégorie de films porno. VDM

Aujourd'hui, mon fils s'est fait exclure de l'école après avoir utilisé la photocopieuse de l'établissement pour photocopier son pénis. Il faut dire qu'il en a utilisé, des copies, afin de remplacer les flèches de signalisation sur tous les panneaux de l'école. VDM

Aujourd'hui, mon fils a eu sa première dent et s'amuse à mordre partout avec enthousiasme. Je le nourris toujours au sein. VDM

Aujourd'hui, mon fils a décoré les fenêtres de ma voiture avec de la fausse neige. C'est très beau. Sauf qu'il a utilisé une bombe de peinture blanche à la place d'une bombe de fausse neige. VDM

VDM COMMENTÉE

Aujourd'hui, j'ai découvert que mon fils n'est pas vraiment gay. Il me l'a juste fait croire pour que je le laisse inviter des filles dans sa chambre. VDM

- T'inquiète, avec un cerveau pareil, ton fils sera bientôt ton patron.
  par DirtyParkBench
- Ce gosse, c'est le prochain Hugh Heffner.
  par TJ10
- Fils : 1 + n (n étant le nombre de filles qu'il a réussi à amener dans sa chambre)
  Toi : 0
  par stephane

Aujourd'hui, mon fils a perdu sa première dent. Terrifié à l'idée que la petite souris pourrait lui voler sa précieuse quenotte, il a trouvé un moyen infaillible pour la protéger. Notre chat se promène désormais avec une boîte à dents de lait autour du cou. VDM

Aujourd'hui, on parcourait de vieilles photos de famille avec mon fils de onze ans. Il en a repéré une de moi, à vingt-deux ans, sur la plage en bikini. Il s'est exclamé : "Le canon ! C'est qui, ça ?" Toute fière, je lui ai dit que c'était moi. Il avait une vraie tristesse dans le regard quand il a dit : "Mais qu'est-ce qui s'est passé ?!" VDM

Aujourd'hui, j'étais supposé attraper un vol pour New York. Mon fils de cinq ans m'a aidé à faire mes bagages en vitesse. Il y a même caché le pistolet à air comprimé de son grand frère, "pour me protéger". J'ai raté mon vol, après avoir subi une fouille au corps très approfondie à l'aéroport. VDM

Aujourd'hui, mon fils de huit ans m'a annoncé qu'il ne veut plus que j'aille le chercher à l'école – "Parce que j'ai dit à tout le monde que ma mère est belle." VDM

JE VAIS M'CHERCHER UN TRUC À GRIGNOTER. TU VEUX QUELQUE CHOSE, PAPA ?
NON MERCI !
Biscuits

Aujourd'hui, j'ai un petit creux alors j'ouvre une boîte de biscuits… vide. Je trouve un mot à l'intérieur «AH AH AH :) Signé : Fantomas». C'est l'écriture de mon père, il a 50 ans. VDM

VDM COMMENTÉE

Aujourd'hui, mon père s'est lancé dans la pédagogie sexuelle. Il a dit : "Si jamais tu te décides à coucher, pense à moi avec une tête comme ça..." Il a fait les gros yeux avec un sourire de psychopathe. Sexe ruiné à vie pour moi. VDM

- Merci bien. Ton père et toi venez juste de me ruiner aussi ma vie sexuelle.
  par benderbot19
- Je garde ça en mémoire pour pourrir mes futurs enfants !
  par WCARlover
- Maintenant tu ne te sentiras plus jamais seule :D
  par tylersign
- Imbattable comme moyen de contraception...
  par bellnuts

10. LE LICENCIEMENT

Aujourd'hui, mon boss m'appelle chez moi pour me demander la raison de mon retard de ce matin et me faire comprendre que cela ne doit plus se reproduire. Note : je ne fais plus partie de cette entreprise depuis hier pour cause de licenciement. VDM

Aujourd'hui, suite à mon licenciement d'une boutique de cadeaux, je travaille dans un magasin funéraire. Mon premier client passe en caisse et, machinalement, j'ai demandé : "C'est pour offrir ?" VDM

Aujourd'hui, je rédige une convocation à un entretien de licenciement. Lorsque je retourne voir ma boss pour savoir à qui je l'envoie, elle me lance avec un regard gêné : "À vous." VDM

Aujourd'hui, mon chef m'annonce qu'il a une bonne et une mauvaise nouvelle. La bonne, c'est que j'ai une prime. La mauvaise, c'est qu'il s'agit d'une prime de licenciement. VDM

Désolée Lucie, je ne peux pas venir, j'ai un restau avec mon boss, là...
Non, pas CE genre de "restau avec mon boss", t'es gentille.
C'est une réunion avec tout le monde pour "nous détendre" et "relâcher la pression".
Un restau latin Rue des Roses ?! Ahah oui c'est clair votre patron veut vous décoincer... C'est là où on a fait l'enterrement de vie de jeune fille de Lise... Si !!
QUOI ?! Noooon
Ah mince, je vous laisse ils arrivent
Je tiens à stimuler la créativité de l'équipe, par une ambiance plus ouverte et propice à l'invention, le culot. Voyez ?
hmmm

Aujourd'hui, je suis au restaurant avec mon boss et des collègues. Après l'entrée, le serveur arrive : «Vous êtes prêts pour le show ? – Ah, il y a un spectacle ?» Il parlait du plat chaud. Grosse honte devant tout le monde. VDM

Aujourd'hui, j'ai reçu un courrier par la poste avec cinq timbres cœur. Adorable, cette lettre de licenciement. VDM

Aujourd'hui, mon patron m'a demandé conseil : "Tu sais comment ça se passe, une procédure de licenciement pour un CDD ?" Le seul CDD de la boîte, c'est moi. VDM

Aujourd'hui, mon patron m'a menacé de me virer si je quittais sa guilde dans *World of Warcraft*. VDM

Aujourd'hui, je reçois une lettre de mon employeur m'annonçant que, à la vue des bénéfices extraordinaires de l'entreprise, l'ensemble du personnel sera augmenté de 10 %, moi compris. Sauf que j'ai été viré le mois passé pour des "raisons budgétaires". VDM

Aujourd'hui, mon patron m'a virée à cause de mes retards fréquents. Je fais du covoiturage avec lui tous les jours. VDM

Aujourd'hui, je suis en retard et mon boss m'a laissé un message sur ma boîte vocale : "Prenez votre sac, votre flambeau et venez me rejoindre." VDM

Aujourd'hui, je me suis vu refuser le renouvellement de mon CDD par mon boss dans le supermarché où je travaille. La raison ? "On a déjà une autre Alice et c'est un peu la galère quand on vous appelle au micro." VDM

Aujourd'hui, après m'être fait virer de boîte parce que j'avais trop bu, puis virer du taxi parce que j'avais trop bu, je me suis fait virer du lit de ma copine parce que j'avais trop bu. VDM

Aujourd'hui, la société qui m'a licencié il y a trois ans a racheté la société dans laquelle je travaille actuellement et m'a de nouveau licencié. VDM

Aujourd'hui, rendez-vous à Pôle emploi. Mon conseiller m'annonce qu'ils ont une offre qui me correspond. J'ai le sourire jusqu'à ce que je comprenne que c'est en réalité le poste dont je viens de me faire licencier. VDM

Aujourd'hui, j'ai été licencié par la poste pour avoir dérobé des courriers au bureau où je travaille. Ces courriers m'étaient destinés. VDM

Aujourd'hui, j'ai appris que je faisais partie des futurs licenciés économiques de mon entreprise. Comment je l'ai su ? Au restaurant ce midi, mon chef qui, au moment de payer, a refusé de m'avancer parce que "tu comprends, comme tu ne seras bientôt plus là…". VDM

Aujourd'hui, mon patron a décidé de mettre un terme à mon contrat au profit de la nouvelle stagiaire. Elle ne fait qu'une pause-cigarette dans la journée, tandis que je fais trois ou quatre pauses-toilettes. J'ai été virée par ma vessie. VDM

Aujourd'hui, je rentre chez moi, me connecte sur Facebook et découvre un statut écrit depuis mon compte : "Émilie, tu as oublié de te déconnecter sur le PC de la réception, je t'avais prévenue, tu es virée." Signé : le patron. Ce n'était pas une blague. VDM

Aujourd'hui, je donne pour la première fois des cours particuliers à un élève de troisième. Le père me regarde, ahuri : "Comment voulez-vous qu'il travaille avec un décolleté pareil ?!" Puis il ajoute : "Virée." VDM

Aujourd'hui, comme tous les jours, je suis chargé de recrutement dans une grosse boîte. En voulant informer le petit nouveau qu'il toucherait son salaire bientôt, j'ai dit sans réfléchir : "Vous allez être viré prochainement." Je parlais du compte. Il a éclaté en sanglots. VDM

VDM COMMENTÉE

Aujourd'hui, mon stage de fin d'études dans une célèbre radio musicale se termine. À défaut de m'avoir offert un CDI, mon patron m'a offert un CD. VDM

- Un seul, c'est mieux que décéder…
  par traviole
- Il te passe un message pour que tu aies de l'NRJ, afin que tu persistes dans ce métier qu'est la radio, parfois fun, sometimes virgin quand elle démarre à peine ! Mais on voit surtout que sky rockonait, c'est ta passion pour la musique !
  par LoveU2
- CD Rom = gens du voyage !
  T'offrir un CD, pour ton patron, c'est donc te dire : bon voyage !
  par bsa
- Il t'a aussi offert une VDM !! ^.^
  par Aliram
- Au moins ton patron connaît la musique. Je pense que tu as eu une bonne note. CDja ça.
  par zygomatique

Aujourd'hui, mon boss m'a donné du travail pour les deux semaines où il part en vacances. Je prends sagement la clé USB où "tout se trouve". Effectivement, tout s'y trouvait, même moi sur la liste des employés qui vont se faire virer à la rentrée. VDM

Aujourd'hui, la mamie pour laquelle je travaille a dit qu'elle souhaitait à présent que je sois son amie. Pour ce faire, elle m'a virée. Pas d'histoire d'argent entre amis, qu'elle m'a dit ! VDM

Aujourd'hui, mon nom de famille est Gull. Mon patron s'est exclamé : "Aujourd'hui, je vire Gull. Virgule !" et s'est mis à rire tout seul. VDM

Aujourd'hui, je suis stagiaire dans une société. Je reçois un mail des ressources humaines pour me féliciter de mes exploits. Quels exploits ? Premièrement, j'ai battu le record du réseau informatique au Démineur. Deuxièmement, j'ai l'honneur d'être le premier stagiaire viré en moins de deux jours. VDM

Aujourd'hui, j'ai reçu une lettre d'entretien préalable avant licenciement. Elle était mal affranchie. J'ai dû régler moi-même le prix du timbre au facteur pour apprendre la bonne nouvelle. VDM

Aujourd'hui, j'ai commencé un nouveau taf au supermarché. Un client m'a suivie pendant une demi-heure dans les rayons en me chantant des chansons toutes pourries. Je me suis fait virer pour "avoir invité un proche sur mon lieu de travail". VDM

Aujourd'hui, ma meilleure copine s'est fait virer du boulot où nous travaillions toutes les deux. Elle leur a dit : "Si c'est comme ça, elle aussi elle se casse !" Ils m'ont donc virée également. Je l'aimais bien, moi, ce boulot. VDM

Aujourd'hui, j'ai perdu mon super job de baby-sitter parce que la petite fille a dit que j'étais "pas drôle". VDM

Aujourd'hui, mon patron a mis fin à ma période d'essai car mon rire lui rappelle trop celui de son ex-femme. Je suis un garçon. VDM

Aujourd'hui, j'ai été licencié. En sortant du bureau de mon ex-patron, j'ai violemment poussé la porte pour la faire claquer derrière moi. Celle-ci, équipée d'un frein, s'est refermée tout en douceur. Je l'entends encore rire. VDM

VDM COMMENTÉE

Aujourd'hui, mon patron m'a licencié pour éviter tout conflit entre nous, car il souhaite entamer une liaison sérieuse avec ma mère. Que je reste son employé lui paraîtrait "bizarre". VDM

- File-lui un coup de pied dans les testicules sous prétexte qu'avoir des frères et sœurs avec ce crétin te paraîtrait "bizarre".
  par notsorandomguy
- T'inquiète. Quand ils se seront mariés, puis auront divorcé, tu auras droit à la moitié de ses biens.
  par monkeyhead641

Aujourd'hui, j'ai reçu par la poste mon diplôme d'"employé du mois" du boulot dont je me suis fait virer la semaine dernière. VDM

Aujourd'hui, j'ai été renvoyé pour cause d'emploi de violence et d'intimidation sur le lieu de travail. Je suis videur. VDM

Aujourd'hui, premier jour de mon premier boulot. J'ai été viré après quarante-cinq minutes. *Guinness Book des records*. VDM

Aujourd'hui, j'ai reçu une lettre d'entretien pour licenciement, notifiant "un manque d'attention aux détails, notamment à l'ortografe". À L'ORTOGRAFE, quoi. VDM

Aujourd'hui, j'ai été viré pour la seconde fois. La semaine dernière j'avais reçu une lettre de licenciement avec prise d'effet immédiat pour absentéisme injustifié. Aujourd'hui j'ai été viré avec engueulade au téléphone pour ne pas m'être présenté depuis au bureau. VDM

Aujourd'hui, je dis à mon patron que ma relation avec mon épouse va mal, car je travaille beaucoup. Il se montre paternaliste en m'expliquant que je dois me ressaisir et que tout va sans doute bientôt s'arranger. Peu après, j'ai reçu ma lettre de licenciement. VDM

VDM + LA SUITE

Aujourd'hui, je me suis fait virer de mon job en tant que bénévole. Pourquoi ? Parce qu'il paraît que je travaille plus que les autres et que cela crée un malaise chez les titulaires de l'association, qui eux sont des salariés rémunérés. VDM

• **Commentaire de SDworkinggirl** à propos de sa VDM :

Permettez-moi de clarifier la situation. Je suis bénévole dans une association qui aide les personnes âgées dans les maisons de retraite. J'ai commencé en tant que bénévole car je pensais que cela aurait de la valeur sur mon CV. Mais je me suis très vite aperçu que j'adorais ça et je m'y suis mise à fond. J'aimais vraiment rendre visite aux seniors, leur apporter leur courrier, parmi toutes les autres choses que je faisais là-bas. Sans que je le sache, certains résidents ont commencé à chanter mes louanges et à se plaindre du fait qu'ils n'avaient pas autant d'attentions de la part des infirmières titulaires. Je ne suis moi-même pas infirmière et il n'aurait donc pas pu y avoir de poste de titulaire pour moi. Le type qui m'a virée m'a raconté tout ça "en secret", sinon je ne l'aurais jamais su.

Aujourd'hui, après avoir lu une centaine de VDM au bureau, je me suis aperçu que mon patron se tenait debout dernière moi pendant tout ce temps. À mon tour, donc, d'en écrire une : "Aujourd'hui, je me suis fait virer." VDM

Aujourd'hui, je me suis fait licencier. Je travaillais pour mes parents. VDM

Aujourd'hui, mon CDD n'a pas été reconduit, au motif que je suis un employé "joyeux et au sourire perpétuel". Selon mon patron, ça fait flipper les autres employés et aussi les clients. VDM

Aujourd'hui, chauffeur-livreur, j'ai été licencié à cause de plaintes incessantes reçues par téléphone au sujet de ma conduite. C'est mon ex qui crache son venin chaque fois. Même mon boss est au courant. Il voulait juste que ça s'arrête. VDM

Aujourd'hui, la personne pour laquelle je devais être embauchée en tant qu'assistante vient juste de se faire licencier. VDM

Aujourd'hui, mon patron a finalement réussi à prononcer mon nom correctement. La parfaite articulation de mon nom a immédiatement été suivie de « toi, t'es viré". VDM

Aujourd'hui, j'ai été remercié pour "coupe de cheveux incompatible avec le contact clientèle". Je souffre d'alopécie (chute accélérée des cheveux). Mon patron m'a dit d'arrêter d'inventer des excuses et des mots savants. VDM

Aujourd'hui, j'ai été viré du supermarché où je travaille à cause d'une erreur de commande passée la semaine dernière. Je ne travaillais pas la semaine dernière. En plus, ce n'est pas moi qui passe les commandes. VDM

TOTALE RÉVÉLATION

Sur l'Internet, VDM est désormais lu un peu partout dans le monde.

Total des anecdotes envoyées : 10 millions.

Total des anecdotes publiées : 50 000.

Total des comptes utilisateurs : 4 millions.

Total des pays depuis lesquels ont été envoyées des anecdotes : 236.

Total des visites : 3 milliards.

Total des fous rires : 245 232 121 (chiffre validé par la Haute Autorité des Sondages en Carton).

11. LE DIVORCE

Aujourd'hui, ayant envie d'un enfant, je dis à mon petit ami : "Tu sais, "aimer", ça rime avec "bébé"..." Sans décrocher de la télé, il répond : "Dans certains cas, ça rime aussi avec "divorcer"." VDM

Aujourd'hui, mes parents, divorcés, s'envoient des photos de mes deux chambres pour "comparer le bordel et voir qui gagne". VDM

Aujourd'hui, alors que je fais mes courses au marché de bon matin, un inconnu m'aborde pour me dire que mes lunettes sont hideuses. Il va, dit-il, divorcer de sa femme l'après-midi même et doit s'entraîner à être honnête. VDM

Aujourd'hui, après un divorce, j'ai dû vendre la moto qui me tenait tant à cœur. J'ai appris par la suite que l'acquéreur de mon bolide était l'amant de mon ex-femme. Il se fait un malin plaisir à en faire rugir le moteur dès qu'il passe devant chez moi. VDM

Aujourd'hui, je croise mon voisin sortant de son appartement avec ses valises. Je décide pour une fois d'engager la conversation, histoire d'améliorer nos relations : "Ah, vous partez en vacances ? – Non, je divorce !" VDM

Aujourd'hui, j'apprends le divorce de mes parents par Facebook : papa est passé de "marié" à "célibataire". VDM

Aujourd'hui, ma mère divorce de mon père. Après vingt ans de vie commune, elle s'est rendu compte qu'elle avait aboyé toute sa vie au pied du mauvais arbre. Après réflexion, elle préfère les buissons. Plus précisément celui de mon ex-copine. VDM

Aujourd'hui, alors que je me dispute avec ma femme dans un restaurant, un homme assis derrière nous se retourne et me tend sa carte de visite en précisant qu'il est avocat et qu'il s'occupe également des divorces. VDM

Aujourd'hui, quinze de mes copains ont voulu fêter mon enterrement de vie de garçon. Je me retrouve sur un terrain de *paintball*, habillé en lapin, seul contre tous et sans arme. Jamais je ne divorcerai. VDM

Aujourd'hui, mes parents divorcent et se battent pour avoir la garde de ma sœur et moi. J'ai expliqué à ma mère que ce n'était pas grave si je devais aller vivre chez mon père. Elle a répondu : "Oh, je sais bien, je fais ça juste pour l'emmerder." VDM

Aujourd'hui, je suis en plein divorce. Mon ex-femme m'a annoncé qu'elle gardait notre chihuahua et que, en échange, elle me laissait la garde de notre fils. VDM

Aujourd'hui, une femme débarque chez moi en me sommant de signer les papiers du divorce. Surprise, je lui dis qu'elle se trompe et que mon mari n'a jamais manifesté l'envie de rompre. Elle a fondu en larmes. Vous avez déjà réconforté la maîtresse de votre mari pendant deux longues heures ? VDM

Aujourd'hui, je suis avocate et je dois m'occuper d'un divorce : celui de mes parents. VDM

Aujourd'hui, l'amant de ma femme est venu me casser la figure pour avoir demandé le divorce. VDM

Aujourd'hui, mes parents sont fraîchement divorcés. Ma mère a cru que je passais le réveillon chez mon père, et inversement. Résultat, je vais passer mes premières fêtes en solo. VDM

Aujourd'hui, rendez-vous au tribunal pour mon divorce. Quasiment toute la famille de ma future ex-femme est venue pour "fêter ça". VDM

Aujourd'hui, je viens d'annoncer à ma femme que je voulais divorcer. Elle a pleuré... de joie. VDM

HÉ BIEN MADAME RASSUREZ-VOUS...
AU VU DE CETTE ÉCHOGRAPHIE... TOUT VA BIEN !!!
GYNÉCO 2000
VDM
C'EST UN BEAU BÉBÉ QUE VOUS AVEZ LÀ...
CONÇU LE 12 JUIN DERNIER !
BIP
ZIII ZIII
LE 12 JUIN ?
flap flap flap
LE 12 JUIN ?!!
MAIS... MAIS... C'EST PAS POSSIBLE...
LE 12 JUIN J'ÉTAIS EN VOYAGE
AH ?
RRR
J'LE CROIS PAS... À PEINE MARIÉE TU PROFITES DU MOMENT OÙ JE SUIS PAS LÀ POUR TE TAPER UN MEC ?
MAIS...
MAIS T'ES VRAIMENT QU'UNE...
BIIIIIIIIIIIIIIIIIIIIIP
QU... QUOI ?
SÉCURITÉ ! SÉCURITÉ ! CODE ROUGE ! ON A UN "J'ÉTAIS PAS LÀ..."
VIIITE
TIP TIP TIP
RBLBL BLL
RRR

AH BAH BRAVO !!! ON PEUT VRAIMENT TE FAIRE CONFIANCE TOI... TU...
RAAH
MAIS VOYONS CHÉRI...
GZZZ GZX PTT
EH BIEN SI TU VEUX TOUT SAVOIR...
ET LÀ, TU M'OBLIGES À TE LE DIRE...
MAIS...
JE...
J'ME TAPE TA SOEUR DEPUIS PLUS DE 2 ANS !!!
DIS DONC JULIE C'EST VRAIMENT SYMPA QUE TU PASSES AUSSI SOUVENT NOUS VOIR...
CLAC CLAC
HMMMM...
TU M'ÉTONNES
PLOTE PLOTE PLOT
QUAND J'SUIS PARTI POUR UN COLLOQUE À DUNKERQUE AVEC MA BOITE... HÉ BIEN, C'ÉTAIT QUE DES CONNERIES !!
ALLO CHÉRIE ?? OH... TU SAIS À PART LE TEMPS POURRI, ÇA VA...
TA COPINE THÉRÈSE DU CATÉCHISME, LA VOISINE, LA BOULANGÈRE...
ET JE DONNE ! ET JE DONNE !!!
ARRR
MÊME PILOUTE LA TECKEL DE TA MÈRE J'ME LA SUIS TAPÉE !!!
WOU ?
MÊME TA MÈRE JE ME LA SUIS...
MAIS... ELLE EST DANS LE COMA
ÇA RESTE UN BON COUP !
SNF SF
BORDEL, J'SUIS P'T'ÊTRE COCU MAIS J'SUIS PAS LE SEUL...
AH !
LE 12...
SF SN
ATTENDS, J'SUIS CON LE 12 ON ÉTAIT PAS... ?!
EN VOYAGE DE NOCES ? SI !
VOYAGE DE NOCES ?
SF
TU SAIS, CE QUI SUIT LE...

Aujourd'hui, mon mari a appris que j'étais enceinte depuis le 12 juin 2011 et m'a demandé : "Où tu étais ce soir-là ??" Ce soir-là ? Oh, juste à notre nuit de noces. VDM

Aujourd'hui, je postule pour du baby-sitting auprès d'une mère fraîchement divorcée. Elle m'explique ses malheurs avec son ex-mari qui la trompait. À la fin de l'entretien, elle me demande : "Au fait, comment vous appelez-vous ? – Blandine." Les enfants, en chœur : "Comme la copine de papa !" VDM

Aujourd'hui, cela fait quelques week-ends que je passe à monter la vidéo du mariage de mon meilleur ami. Il s'est marié il y a plus d'un an et j'étais un peu en retard pour mon DVD surprise. Quand je suis arrivé chez lui (Paris-Montréal) pour le lui montrer, il m'a annoncé qu'il comptait divorcer... VDM

Aujourd'hui, cela fait un moment que je sais que mes parents vont divorcer. Là, ils sont dans la pièce d'à côté, en train de s'engueuler. Ils se disputent pour NE PAS avoir ma garde. VDM

Aujourd'hui, j'ai rompu avec mon petit ami. Ma mère aimait tellement son "gendre" qu'elle a voulu le brancher avec ma sœur. Ça a marché. VDM

VDM COMMENTÉE

Aujourd'hui, j'ai rompu avec ma copine. Son père est mon médecin et je vais le voir pour une prise de sang. Il a raté neuf fois la veine. VDM

- Toujours se dire qu'il pourrait y avoir pire. Tu aurais pu y aller pour un toucher rectal… "Oups, désolé, je voulais y mettre un doigt, y a la main qui a suivi!"
  par El Gaulzo
- Ça, c'est pas de veine… j'espère que t'as pas perdu ton sang-froid. :D
  par Ryo-chan
- Des p'tits trous, des p'tits trous, toujours des p'tits trous. :)
  par Geo_2nids
- Oh! Il est veinère!
  par Khloeee
- Si la fille est sans gland, le père est sanglant! Et donc son père forateur t'a prélevé combien de litre?
  par notile

Aujourd'hui, la fille que j'ai quittée s'est vengée en renommant toutes mes musiques "bien fait". Je suis DJ et je mixe ce soir. VDM

Aujourd'hui, j'ai quitté ma copine avec qui j'étais depuis plus de deux ans dans un amour quasi parfait, pour concrétiser un amour secret qui me hante depuis des mois avec une collègue du travail. Elle s'est révélée être sadomasochiste. VDM

Aujourd'hui, je me suis fait larguer par ma copine, qui habite tout près de Dijon. En sortant un pot de moutarde du placard, j'ai pleuré. VDM

Aujourd'hui, je me suis fait larguer par mon copain, car il a trop de problèmes et donc pas le temps pour une relation sentimentale. Son problème : une blonde à forte poitrine. VDM

Aujourd'hui, seul possesseur d'une imprimante à la maison, j'ai dû imprimer tous les papiers nécessaires au divorce de mes parents. VDM

Aujourd'hui, ma copine m'a quitté. Mon portable vibre. Serait-ce elle qui me supplie de la reprendre ? Non. C'est une application de mon *smartphone*, dont le but est de m'envoyer une suggestion d'application par jour. Et elle m'a suggéré le solitaire. VDM

Aujourd'hui, je pense pouvoir affirmer que ma voisine s'est fait larguer. Les bruits d'ébats sexuels ont été remplacés par *Everytime* de Britney Spears, passée en boucle. VDM

Aujourd'hui, j'ai demandé au garçon que j'aime de sortir avec moi. J'ai bafouillé en rougissant et il a pris mon visage dans ses mains en disant : "Ça tombe bien. Je viens de me faire larguer et j'avais la flemme de changer mon statut Facebook de "en couple" à "célibataire"." VDM

Aujourd'hui, je me suis fait flasher par deux radars de deux feux différents. Le premier en allant chez mon copain, qui voulait me parler, le deuxième en revenant de chez lui alors qu'il venait de me larguer. VDM

Aujourd'hui, mon mari a commencé une tirade avec "Dans le monde des Pokémon" et l'a finie avec "et c'est la raison pour laquelle nous devrions divorcer". VDM

Aujourd'hui, j'appelle Dolce Vita pour résilier le contrat d'entretien de ma chaudière. J'explique à l'opératrice que je suis fauché car en cours de divorce et en fin de droits Assédic. Elle se montre très gentille et compatit à ma situation. Puis elle ajoute : "Par quel moyen de paiement souhaitez-vous régler les 70 euros de pénalité de résiliation anticipée de votre contrat d'entretien ?" VDM

Aujourd'hui, pour célébrer la finalisation de son divorce, ma mère a annoncé à toute la famille qu'elle allait se faire faire le maillot. Elle appelle ça "sa déclaration d'indépendance". VDM

Aujourd'hui, je dois vendre ma bague de mariée pour m'aider à payer mon divorce. VDM

VDM COMMENTÉE

Aujourd'hui, j'ai dit à mon mari que je souhaitais divorcer. Il a dit non. Fin de la discussion. VDM

- Ben c'est comme ça et pis c'est tout.
  par darren824
- Apporte-lui une bière et excuse-toi.
  par Spaceghost77
- Quitte la banlieue. Maintenant.
  par littlemuffet

Aujourd'hui, finalisation de notre divorce. À la sortie du palais de justice, je confie à mon ex-femme à quel point je me sens soulagé que nous ne soyons plus désormais dépendants l'un de l'autre. Ma voiture pourrie n'a pas voulu démarrer dans le parking et j'ai dû la supplier de me raccompagner au bureau. VDM

Aujourd'hui, ma femme m'a demandé le divorce, par écrit. Au Scrabble. VDM

Aujourd'hui, je regarde la télé avec ma femme, quand arrive soudain une chronique sur le divorce. Ma femme a discrètement augmenté le son. VDM

Aujourd'hui, mes parents m'ont réveillé à 4 heures du matin en m'informant de leur divorce imminent. Puis ils m'ont réveillé trois heures plus tard pour me dire : "Non, en fait, laisse tomber pour le divorce." C'est pas la première fois qu'ils me font ce plan. VDM

Aujourd'hui, en plein divorce avec ma femme, je crois que je viens de retomber amoureux d'elle. VDM

Aujourd'hui, ma femme m'annonce qu'elle veut divorcer. C'est mon anniversaire. Elle m'a offert un abonnement à Meetic. VDM

Aujourd'hui, j'ai dû annoncer à mon fils de dix ans que nous allions divorcer. Il a répondu : "Top ! Je choisis papa." VDM

Aujourd'hui, ma femme m'annonce qu'elle envisage le divorce et qu'elle a même commencé à voir quelqu'un d'autre. Cependant, elle préfère ne pas brusquer la procédure au cas où son autre relation ne s'épanouisse pas comme elle le souhaiterait. VDM

Aujourd'hui, j'ai découvert que mon conseiller conjugal entame son second divorce. VDM

Aujourd'hui, ça fait six mois que nous avons divorcé. Nous partageons toujours la même maison, invendable à cause du marché immobilier pourri. VDM

Aujourd'hui, après quinze années de mariage, j'ai fait part à mon mari de mon souhait de divorcer. Sa première question a été de savoir s'il pourrait quand même participer à la croisière à laquelle mes parents nous ont invités. VDM

Aujourd'hui, ma femme m'annonce qu'elle veut divorcer. Apparemment, je mets trop de temps à lui pardonner la liaison qu'elle a eue avec un autre homme le mois dernier. VDM

Aujourd'hui, mes parents m'annoncent leur divorce. Ils m'expliquent également qu'ils ont attendu la fin de mes partiels pour me le dire, afin de ne pas me perturber. Comme c'est gentil... C'est mon anniversaire. VDM

L'ÂGE D'OR

12. LA RETRAITE ET LES GRANDS-PARENTS

Aujourd'hui, les points défilent et les mouvements s'enchaînent. Désormais, c'est prouvé, ma grand-mère est beaucoup plus douée que moi à *Just Dance*. VDM

Aujourd'hui, ma petite amie m'a présenté à toute sa famille. Je m'attendais à être harcelé de questions, mais tout de même pas à ce qu'Yvonne, sa grand-mère de quatre-vingt-trois ans, me demande avec un petit clin d'œil : "Elle préfère par-devant ou par-derrière ?" VDM

Aujourd'hui, j'ai malencontreusement lâché un "Merde !" en présence de ma famille. Ma grand-mère m'a mise au coin pour que je puisse "réfléchir à mon comportement". J'ai vingt-huit ans. VDM

Aujourd'hui, mes grands-parents nous ont invités à manger des gaufres. Ma petite sœur de sept ans lance à mon grand-père, qui tremble beaucoup : "C'est pratique pour toi, pour mettre du sucre !" VDM

Aujourd'hui, repas de famille. Je fais la queue aux toilettes. Pensant que ma copine est à l'intérieur, je gratte à la porte tout en disant sensuellement : "Ouvre la porte, j'ai envie de toi." Sa grand-mère en sort. J'ai honte. VDM

Aujourd'hui, j'ai appris que mon arrière-grand-mère de quatre-vingt-six ans avait mis un coup de poing dans la gueule d'un cambrioleur alors que je ne suis même pas capable d'écraser une araignée. VDM

Aujourd'hui, la seule personne qui a pensé à mon anniversaire est ma grand-mère, atteinte d'Alzheimer. VDM

Aujourd'hui, ma mère m'a surprise en train de faire l'amour avec mon copain. Et elle a bien eu le temps de voir que ça ne serait pas par ce trou-là qu'elle allait être grand-mère. VDM

Aujourd'hui, je me dirige vers ma voiture avec un bouquet de fleurs pour ma copine. Je vois alors venir une charmante petite vieille. Elle scrute le bouquet puis, arrivée à ma hauteur, me lâche: «C'est pas des fleurs qu'elle veut, c'est du sexe!» Les vieux, c'est plus ce que c'était. VDM

Aujourd'hui, après deux longues heures d'explications à ma grand-mère sur l'utilisation d'Internet, elle me dit : "Et sinon, à quoi ça sert ?" VDM

VDM + LA SUITE

Aujourd'hui, première rencontre avec mon nouveau voisin de soixante-cinq ans. J'en profite pour lui dire aimablement qu'il a fait un peu trop de bruit le mardi de la semaine précédente. Il me répond en s'excusant que c'étaient les pompiers qui étaient venus le chercher parce qu'il avait fait un infarctus. VDM

• **Commentaire de pasdepeaudu50** à propos de sa VDM :

Alors pour plus d'explication sur la situation :
Il est venu frapper chez moi une semaine après son emménagement afin de se présenter et il m'a demandé si j'avais un congélateur pour stocker de la viande surgelée car il avait depuis peu un régime alimentaire qui l'empêchait de manger des aliments trop gras (il ne m'a pas précisé que c'était à cause d'un infarctus récent). Du coup je suis allée chez lui récupérer ce qu'il voulait me donner. Et à ce moment-là, il m'a demandé s'il ne faisait pas trop de bruit car il avait un home cinéma et le mettait assez fort. Et donc j'ai décidé de lui dire pour le mardi d'avant, mais le tout très gentiment. Lorsqu'il m'a dit la vérité, je me suis sentie rougir et me suis excusée mais il s'est mis à rigoler.
Cette anecdote s'est passée il y a un an et lorsqu'on se voyait on discutait quand même ensemble !

Aujourd'hui, j'ai reçu deux SMS : l'un de ma meilleure amie me disant que sa grand-mère était morte, l'autre de mon copain m'annonçant qu'il s'était débarrassé de notre vieille gazinière. J'étais assez fatiguée et je vous laisse deviner qui a reçu : "Enfin ! Il était temps qu'elle disparaisse !" VDM

Aujourd'hui, au réveil, je me dirige vers les W-C. Ma mère et ma grand-mère discutent du fait que les vrais hommes n'existent plus. Trop tard, je suis passé devant elles avec un caleçon à cœurs rouges et *Femme actuelle* à la main pour les mots croisés. VDM

Aujourd'hui, mon fils de cinq ans a demandé à sa grand-mère si ses seins allaient un jour toucher ses jambes. VDM

Aujourd'hui, galette des rois avec ma famille. C'est mon grand-père qui a eu la fève. À moitié aveugle, il me demande à quoi ressemble la fève. Je n'ai pas osé lui dire que c'était une mini pierre tombale. VDM

Aujourd'hui, alors que je promenais mon grand-père en chaise roulante, une jolie fille est passée. Il m'a alors demandé de le retourner pour pouvoir regarder ses fesses. VDM

Aujourd'hui, alors que je lui parlais, mon grand-père partiellement sourd a discrètement éteint son appareil auditif. VDM

Aujourd'hui, je vais chez mes grands-parents. Pendant que je jette un œil au potager de mon grand-père, je regarde de plus près les arbres et arbustes. Il utilise d'anciens DVD porno pour effrayer les oiseaux. VDM

Aujourd'hui, je rentre de vacances avec mes grands-parents. Sur la route, ma grand-mère donne régulièrement des tapes à mon grand-père, qui conduit. Intriguée, je lui demande pourquoi. "C'est parce que sinon il a tendance à s'endormir." J'ai trois heures de route. VDM

Aujourd'hui, un vieux monsieur s'est assis en face de moi dans le métro. Il avait oublié de fermer sa braguette. Manque de bol, il avait aussi oublié d'enfiler un caleçon. VDM

Aujourd'hui, je reçois un SMS d'un numéro inconnu me disant : "Je suis en bas de chez toi et je te regarde." Pensant à une blague, je jette malgré tout un coup d'œil par la fenêtre. Un vieux monsieur que je ne connais pas me fait coucou. J'ai peur. VDM

Aujourd'hui, la vieille dame à qui j'ai proposé ma place dans le bus m'a répondu avec un air libidineux : "C'est plutôt sur tes petits genoux que j'aimerais poser mon cul, beau gosse." VDM

Aujourd'hui, j'ai aidé une vieille dame à traverser le passage piéton. Elle m'a dit : "Vous êtes bien gentil pour un Arabe." VDM

Aujourd'hui, je travaille en maison de retraite. Alors que je mets du talc sur les fesses d'une personne âgée, celle-ci lâche un pet. Vous voyez le champignon de la bombe atomique ? Ben pareil, mais avec du talc. VDM

VDM COMMENTÉE

Aujourd'hui, j'ai fait un rêve érotique avec un des résidents de la maison de retraite où je suis infirmière. VDM

- "Oh oui mets moi du talc..."
  par thea2002
- "Alors t'aime ça petite cocho.. Aaaaaaaah CRAAMPE, CRAAMPE !"
  par skiperwan
- N'oublie pas que c'est dans les vieilles marmites que l'on fait la bonne soupe :)
  par tessi92
- 20 000 vieux sous memère
  par ragondin44
- "Oh oui vas y Gerard, mords avec ton dentier"
  par CheesyKitten

Aujourd'hui, alors que je suis à moitié endormi dans le RER, je sens une pression au niveau de mon entrejambe. J'ouvre les yeux. Une vieille dame me regarde, me tapote la jambe et me dit : "C'est bien mieux comme cela, jeune homme !" Elle avait refermé ma braguette. VDM

Aujourd'hui, dans le bus quasiment désert, une vieille dame monte et se tient face à moi. Elle me dit quelque chose en bredouillant. J'enlève alors mes écouteurs et lui demande de répéter. Elle me regarde droit dans les yeux et me dit : "C'est MA place." Ah. VDM

Aujourd'hui, je me remaquillais dans ma voiture avant un rendez-vous, lorsqu'une vieille dame s'est penchée à travers la vitre pour me dire : "C'est pas ça qui va t'aider, ma chérie." VDM

Aujourd'hui, mes grands-parents ont annoncé à tous mes voisins que je revenais de l'hôpital et que j'avais eu ma première MST. Ils voulaient dire "IRM". VDM

Aujourd'hui, mon grand-père ma désignée du doigt à l'un de ses amis en disant : "Ouais, elle, c'est la moche." VDM

Aujourd'hui, mes enfants et moi avons rendu une visite surprise à mes grands-parents. Quand nous sommes entrés, ils étaient *stone* sur le canapé en train de fumer un joint. VDM

Aujourd'hui, j'ai passé l'après-midi avec ma mamie chez qui je vais aller habiter pour quelques semaines. Elle répète les derniers mots de chaque phrase que je prononce. VDM

Aujourd'hui, j'ai lancé un appel au secours depuis les toilettes pour que quelqu'un m'apporte du papier. Mon grand-père a glissé sous la porte une petite feuille de salade en disant : "Moi, j'avais ça de mon temps." VDM

Aujourd'hui, mes grands-parents m'ont invité au restaurant pour mon anniversaire. Au moment des bougies, ils ont commencé à chanter "Joyeux anniversaire..." et ils ont bugué. J'ai dû leur rappeler mon prénom. VDM

Aujourd'hui, j'ai rencontré la grand-mère de mon copain. Après que je me suis poliment présentée, elle m'a dit : "S'il lui arrive quoi que ce soit, ne compte pas toucher un centime de l'argent de l'assurance, tu m'entends !!!?" VDM

Aujourd'hui, j'étais en joyeuse conversation avec mon grand-père pendant qu'il jardinait. Tout à coup, j'ai senti un corps étranger dans ma bouche, ainsi qu'un petit goût salé. J'ai recraché une coccinelle. Mon grand-père a jeté un œil sur l'insecte agonisant et a conclu : "Au moins elle aura réussi à fermer ton clapet." VDM

Aujourd'hui, ma grand-mère a trollé mon mariage en portant elle aussi une robe de mariée car "elle n'a jamais eu une vraie fête pour son mariage, elle". VDM

Aujourd'hui, je suis végétarien depuis un an. C'est aussi le jour où j'ai rencontré le nouvel ami de mon grand-père, un boucher à la retraite. Ils ont tous deux tenté une "intervention" sur moi pour me faire retrouver le goût de la viande. VDM

VDM COMMENTÉE

Aujourd'hui, ma grand-mère a passé une demi-heure à expliquer à mon chéri que mon chat est médium. Elle l'a eu à l'usure. Il en est maintenant convaincu. VDM

- Pourquoi ne peux-tu pas croire que le chat a des super pouvoirs ? Avec ton pessimisme, on se demande comment t'as pu rencontrer ton mec.
  par therealsuperman 0 warning | +7
- Mon chat était médium, mais je l'ai trop nourri. Maintenant il est XXL.
  par fatbouy
- Ta grand-mère est un Jedi.
  par CakesandSuch

Aujourd'hui, ma grand-mère m'a conduit au supermarché. Soudain, elle a stoppé en plein milieu de la rue. Quand je lui ai demandé ce qu'elle fabriquait, elle a dit : "Oh... Est-ce que je suis en train de conduire la voiture ?" VDM

VDM + LA SUITE

Aujourd'hui, j'ai fait le gentleman en proposant à une vieille dame de lui laisser ma place dans le bus. Avant même que j'ai pu me lever, elle est venue carrément s'asseoir sur mes genoux. Ma première *lap dance* troisième âge. VDM

- **Commentaire de tdudey123** à propos de sa VDM :

Et je précise que, oui, elle se trémoussait, sans doute à cause des mouvements du bus (heu, j'espère).

AAAAARG!
AAARG
DIS, C'EST PAS TROP FORT POUR TES PARENTS ?
NON, NON! ILS DORMENT TOUT AU FOND ET MA GRAND-MÈRE EST SOURDE COMME UN POT!
AAAA
BON...
AAAAARG!
J'VAIS ALLER PISSER, MOI!...
TU ME RACONTES, HEIN?
ON Y VOIT RIEN LÀ-DEDANS!
PFFFF...
C'EST BIEN LE MOMENT!...

Aujourd'hui, je dors chez un ami. Nous regardons des films d'horreur et je m'absente pour aller aux W-C. Dans le couloir sombre, je croise la grand-mère de mon ami, à l'allure fantomatique à cause de son âge avancé. J'ai hurlé et lui ai jeté mon portable dessus. VDM

Aujourd'hui, chez mes grands-parents, j'ai remarqué que notre photo de famille a été déchirée dans un coin. Justement le coin où j'apparaissais. Quand je leur ai demandé une explication, ils ont répondu : "C'est le chat." Ils n'ont pas de chat. VDM

VDM TOTALE RÉVÉLATION

Sur le site Viedemerde.fr, l'option de vote "Je valide, c'est une VDM" fait référence au jeu télévisé *La Cible* qui passait sur France 2 de 2003 à 2007 et dans lequel le candidat devait donner une série de réponses avant de conclure par "Je valide".

13. LA MORT

Aujourd'hui, cours de conduite. À un moment, un mulot me passe sous la roue. La monitrice a pilé pour aller voir si je l'avais écrasé. Elle est revenue en pleurant. VDM

Aujourd'hui, mes enfants ont bien repéré l'écureuil écrasé au bord de la route, quelques kilomètres après la sortie de Disneyland, où nous avions passé la journée. Ils ont hurlé et pleuré pendant les cent kilomètres du retour, persuadés que Tic ou Tac était mort. VDM

Aujourd'hui, j'ai appris que le hamster que j'avais quand j'étais plus jeune n'était pas mort d'une maladie. Non, c'est moi qui l'ai écrasé dans mon sommeil. VDM

Aujourd'hui, un ami de mon fiancé, venu pendant mon absence, a appris à mon chien à faire le mort chaque fois qu'il entend "Élodie". C'est mon prénom. VDM

VDM COMMENTÉE

Aujourd'hui, comme depuis toujours, je suis contre la chasse. En sortant dans mon jardin, je vois un faisan. Je m'approche doucement de lui pour le prendre en photo, mais, pris de panique, il s'envole et fonce dans un mur. Il est mort sur le coup. VDM

- D'un coté, c'est con, un faisan.
  par Lagache
- Il t'a échappé en faisan le mort.
  par scrappicoco
- Houlà, ça doit être l'hécatombe quand tu sors en boîte de nuit avec toutes ces grues.
  par Lessaim
- C'est en faisan n'importe quoi qu'on devient n'importe qui.
  par Blackounet
- C'est dingue, ça ! T'es contre la chasse et y a un faisan dans ton jardin. Moi, je suis contre la fourrure et j'ai jamais eu d'ours dans mon jardin…
  par OpossumBerry

Aujourd'hui, je suis invité à manger chez une amie et il y a des épinards. N'aimant pas ça, je jette le contenu de mon assiette sous la table pour le chien. J'ai juste oublié que son chien est mort il y a deux semaines. VDM

Aujourd'hui, le poisson rouge de ma fille de cinq ans est mort. Sa première réaction ? "On peut regarder comment c'est dedans ?" VDM

Aujourd'hui, dans ma douche, l'eau qui coule n'est pas très claire. Le plombier m'a appris que, depuis cinq ans, je me douchais avec un rat mort dans mes tuyaux. VDM

Aujourd'hui, quand une connaissance m'a annoncé avec une triste mine que son chat était mort, je n'ai pas pu m'empêcher de penser à la vidéo "Bref, on a enterré Croquette". J'ai éclaté de rire. VDM

Aujourd'hui, mon hamster est mort et mon neveu de cinq ans l'a jeté dans les toilettes. Mais pas dans cet ordre-là. VDM

Aujourd'hui, mon copain m'a encore posé un lapin. Sa grand-mère est morte. Pour la cinquième fois. VDM

Aujourd'hui, au supermarché, une très vieille dame me demande de lire la date limite de consommation sur un produit qu'elle voudrait acheter. Je lis : "C'est bon jusqu'en 2012, madame, vous avez le temps." Sa réponse : "Oh, en 2012 je serai morte, mademoiselle." VDM

Aujourd'hui, j'écoute la conversation d'un couple dans le train. Quand l'homme, parlant de la santé de sa mère, mentionne exactement les symptômes que j'ai en ce moment, je tends l'oreille. Elle est morte il y a deux jours. VDM

Aujourd'hui, ma cousine de quatre ans s'amuse à écraser un escargot. Je lui explique que la maman escargot doit sûrement être en larmes à la recherche de son bébé. Que répondre à : "Oh, ne t'inquiète pas, je l'ai déjà tuée" ? VDM

Aujourd'hui, le poisson de ma copine est mort. Je m'en suis aperçu en allant aux toilettes. Il flottait. Elle n'avait pas eu le courage de tirer la chasse. VDM

Aujourd'hui, en traversant l'hôpital avec des collègues pour rentrer chez nous après une journée de cours, j'aperçois un long couloir sinistre avec de la lumière au bout. Je m'exclame tout fort : "Oh, regardez, on dirait le couloir de la mort !" C'était le service de cancérologie. VDM

Aujourd'hui, exténué, je fonce direct au lit. Ma copine, rentrée tard, me réveille en pleurs et me serre dans ses bras : "Tu ne ronflais pas, alors j'ai cru que tu étais mort !" VDM

Aujourd'hui, notre petit chat est mort. Devant la tristesse de ma fille, sa copine essaie de la consoler : "Il est au ciel, maintenant." Réponse de ma fille : "Ben non, il est à la poubelle." VDM

Aujourd'hui, j'ai découvert que le nom du tueur du polar emprunté à la bibliothèque avait été recouvert d'une couche de correcteur. VDM

Aujourd'hui, j'ai quelque chose d'important à faire, mais malheureusement j'ai rendez-vous avec mon dentiste. Mais voilà que celui-ci m'appelle et me dit qu'il ne pourra pas me prendre aujourd'hui ; un membre de sa famille est décédé. Premier réflexe : "Oh, tant mieux, ça m'arrange !" VDM

Aujourd'hui, je retrouve une vieille copine. Je lui demande des nouvelles et lui lance un : "Et ta mère ?" Je me souviens dans la même seconde qu'elle est décédée il y a quelques années. Voulant rattraper le coup, j'enchaîne avec : "Toujours dans le même cimetière ?" VDM

Aujourd'hui, je vais à l'enterrement d'un cousin éloigné. Ambiance morose dans le cimetière sous la pluie, mais c'était compter sans mon téléphone encore allumé, qui a sonné pile au moment où le cercueil entrait dans la terre. Ma sonnerie : la musique de *Tetris*. VDM

Aujourd'hui, au parc avec ma petite cousine, je nourris les pigeons. Soudain, l'un d'eux s'étouffe et tombe raide mort devant elle. Alors que je vais la consoler, elle se retourne avec un large sourire et me dit : "On recommence ?" VDM

Aujourd'hui, en allant sur l'ordinateur après moi, mon petit frère a cherché son site de jeu dans l'historique et a vu que j'avais visité seize fois le site Vie de merde. Il a dit à nos parents que je voulais me suicider. VDM

Aujourd'hui, j'ai voulu savoir comment mon chien réagirait si j'avais une crise cardiaque. Je suis donc tombé d'un coup par terre. Il m'a reniflé et a fini par me pisser dessus. VDM

Aujourd'hui, mon fils de sept ans, fan de SF, est inconsolable après la mort de sa souris blanche. Pour le réconforter, je décide d'organiser des funérailles spatiales avec une petite fusée de feu d'artifice. Elle ne s'est pas envolée, a explosé et a éparpillé des bouts de souris dans le jardin. VDM

Aujourd'hui, j'apprends que celui qui m'a remplacé sur ma tournée de facteur, au lieu de passer par l'entrée de service, est entré dans l'église par la porte principale en pleine messe de funérailles et a fait signer le recommandé au curé devant tout le monde. En s'appuyant sur le cercueil. VDM

Aujourd'hui, mon chien est mort et j'ai dit à ma famille que je souhaitais qu'il soit incinéré. Ce soir, j'ai retrouvé la bête à moitié brûlée par mon grand-père sur la grille du barbecue. VDM

Aujourd'hui, je suis coiffeuse et j'ai fait une mise en plis à une vieille dame qui avait sans arrêt le hoquet. Quand tout à coup ça s'est calmé, je me suis aperçue qu'elle était morte. VDM

Aujourd'hui, mon poisson rouge chéri est mort. Pour me réconforter, mes parents m'ont invité au restaurant, me faisant également goûter leur célèbre sens de l'humour : sushis à volonté. VDM

Aujourd'hui, ma copine débarque en larmes au magasin. Je saute par-dessus le guichet pour la recueillir dans mes bras au moment où elle s'effondre. Silence de tous les clients en attente du drame annoncé. Il s'avère qu'en effet quelqu'un était mort : son personnage favori dans *Grey's Anatomy*. VDM

Aujourd'hui, notre chorale a donné un concert dans une maison de retraite. Une vieille dame est morte pendant mon solo. VDM

Aujourd'hui, j'ai sauvé une abeille en train de se noyer dans ma piscine. Elle m'a immédiatement piqué avant de tomber raide morte. VDM

Aujourd'hui, la vieille dame pour qui je faisais les courses depuis un mois est morte. Le remboursement de mes nombreux tickets de caisse, c'est mort aussi. VDM

Aujourd'hui, une amie m'a confié que sa mère est morte hier soir d'une attaque cardiaque, en me racontant dans le détail toutes les péripéties de tentatives de réanimation du SAMU. Impressionnée, la première phrase qui m'est venue à l'esprit a été : "J'espère qu'elle va mieux." VDM

VDM COMMENTÉE

Aujourd'hui, mon poisson rouge est mort. J'ai vidé le bocal dans les toilettes en tirant la chasse d'eau. C'est là qu'il s'est remis frénétiquement à nager. VDM

- Ça fait partie de son plan ! Il veut retrouver l'océan. Petit bâtard génial il est…
  par ariannaimelda - reply
- Ces toilettes ont le pouvoir de réanimer les morts ! Je dis qu'il faut s'en servir pour créer une apocalypse des zombies. Qui est avec moi ?!?!
  par CryMoreFMLs
- NEMO, NOOOO !
  par TaylorTotsYumm
- *Prison Break* ! Ton poisson est un boss.
  par Holy_ish

Aujourd'hui, j'avais les larmes aux yeux à l'enterrement de mon oncle. Mon copain, lui, a passé le temps en fredonnant "Spider-Cochon, Spider-Cochon, il peut marcher au plafond", tout en faisant marcher ses doigts sur ma jambe, tentant de s'introduire sous ma jupe. VDM

Aujourd'hui, j'ai été présenter mes condoléances aux funérailles du père d'une voisine. La famille en pleurs m'a accueilli près du cercueil avec un "merci d'être venu". Je ne sais pas ce qui m'a pris de répondre : "Oh non, merci à vous !" VDM

Aujourd'hui, j'ai dû envoyer à ma copine jalouse la photo de ma grand-mère dans son cercueil afin qu'elle admette que j'étais bien à son enterrement. VDM

Aujourd'hui, j'arrive au boulot hyper bronzé. Hier j'avais posé une journée pour me rendre à un enterrement et j'ai pris un coup de soleil au cimetière. Mon patron a déclaré : "C'est ça, ouais..." VDM

Aujourd'hui, j'annonce à ma fille de sept ans que notre canari est mort. Sa réaction : "Tu crois qu'il est recyclable ?" VDM

Aujourd'hui, je me suis trompé de cérémonie funéraire. J'ai dû attendre vingt minutes avant de pouvoir m'éclipser sans trop me faire remarquer. VDM

Aujourd'hui, à l'enterrement de ma grand-mère, nous devions tous chanter. Mon père chante tellement faux que j'ai eu quelques soubresauts en tentant de ne pas pouffer. C'est lorsque ma belle-mère m'a pris la main en disant "Rassure-toi, elle est dans un monde meilleur" que j'ai explosé en fou rire. VDM

Aujourd'hui, je jouais de l'orgue électronique à une cérémonie funéraire. Tout allait bien, jusqu'à la fin d'un speech d'un membre de la famille, quand, croyant éteindre l'appareil, j'ai appuyé par mégarde sur le bouton démo. Le super enchaînement de drums solo et platines scratchs n'a pas trop enflammé le public. VDM

Aujourd'hui, j'ai dû expliquer au guichet d'une administration que mon mari est récemment décédé à l'étranger. On m'a répondu : "Ma pauvre, je sais ce que vous devez ressentir... Mon chien est mort le mois dernier." VDM

Aujourd'hui, mon hamster est mort. Il est sorti de sa cage et a tenté de sauter du haut de mon dressing. Commentaire réconfortant de ma mère : "Si j'étais condamnée à passer ma vie dans ton bordel, moi, j'aurais sauté y a longtemps." VDM

Aujourd'hui, pendant l'amour, mon copain a décidé de jouer avec mes seins en leur donnant des surnoms. Un spectacle complet où il m'a raconté comment Max avait tué Nathaniel. VDM

Aujourd'hui, j'ai pensé que mon hamster devait se sentir seul, alors je lui ai acheté un copain dans une animalerie. Le nouveau hamster a instantanément tué le vieux. VDM

Aujourd'hui, le moral dans les chaussettes après une journée cata, j'ai envoyé un SMS à mon copain en lui demandant de me réconforter. Sa réponse, texto : "Savais-tu que les lapins hurlent quand on les tue ?" Je suis toujours aussi déprimée, mais maintenant en plus je n'arrête pas de penser à des lapins hurleurs. VDM

VDM TOTALE RÉVÉLATION

Le 25 juin 2009, mort de Michael Jackson. À l'heure précise où la nouvelle s'est répandue, la version américaine de VDM (FML – F My Life) a reçu une centaine de phrases identiques. Toute l'équipe a cru que c'était un bug, mais non, une centaine d'utilisateurs avaient pensé et écrit l'exacte même phrase au même moment :

Today, Michael Jackson died. FML

BONUS

BONUS 1
L'AVENTURE AMOUREUSE DE MONSIEUR GORDON

C'est l'histoire d'une VDM et de sa suite, racontée par son auteur, et qui a tenu en haleine tous les membres du site pendant plusieurs mois.

Aujourd'hui, et comme les week-ends précédents, un con va au Shopi en bas de chez lui pour y acheter des choses dont il n'a pas besoin. La caissière lui fait de grands sourires, elle lui plaît beaucoup, mais tout ce qu'il arrive à dire, c'est "borjour" et "nervoir". Ce con, c'est moi. VDM – *Monsieur Gordon*

- Un été où j'ai été caissière, un monsieur avait laissé "échapper" un préservatif de son portefeuille et m'avait dit l'air naturel : "Oh bah, c'est vous qu'il a choisi. Le dieu des Capotes a parlé. J'en ai de la chance. Il ne faut surtout pas se fâcher avec ce dieu-là, vous savez. Vous finissez à quelle heure que je passe vous prendre ?" Monsieur Gordon, surtout NE FAIS PAS ça !! lol
  par gnagnou

- **Commentaire de Monsieur Gordon** (le lendemain) :

Déjà, merci pour les conseils, à toutes et à tous. Merci aussi pour les remarques plus perfides, j'admets volontiers que j'ai parfois besoin d'un coup de pied au cul. :D Et si je suis du genre à prévoir beaucoup de choses, étudier les possibilités, préparer mes répliques ou mes actions, je constate que certains ont des plans encore plus tordus (quoique...) que les miens !

D'habitude ça fonctionne (globalement), mais c'est en face d'elle que je perds tous mes moyens… Et mes mots, donc. J'ai pas trop confiance en moi à la base, mais là, impossible de la regarder si elle a les yeux sur moi, c'est-à-dire souvent ; je devrais prendre ça comme un compliment et lui rendre son regard, mais je fais l'inverse. Au final, je lui fais passer le message inverse de celui que je voudrais…
… Mais bon, faut que je surmonte ça. Je sais pas encore comment, mais j'ai pas envie d'aller acheter mes Pim's un jour et qu'elle ne soit plus là.
J'essayerai de vous tenir au courant. :D

- Allez Gordon, allez Gordon, allez !! *Sors les banderoles, sifflets…* Bonne chance !
  par Désespérement

• Commentaire de Monsieur Gordon (au 4e jour) :

'Tain, j'ai la pression populaire, maintenant. °3°

- Que la force soit avec toi, allez, vas-y et bonne chance !!!
  par MademoizelleX

• Commentaire de Monsieur Gordon (au 6e jour) :

Bon, alors, pour vous, mes fans avides de rebondissements romanesques…
Je suis passé tout à l'heure devant le magasin (quasiment par hasard – au moins les trente-sept premières fois, la trente-huitième était totalement volontaire), où, comme de par hasard, elle passait devant les baies vitrées. J'ai voulu tenter le signe de la main, mais ma mimine n'a pas dû comprendre la demande du cerveau et est restée au chaud dans sa poche. Mais il y a eu échange de sourires…

… Du coup, je suis passé faire mes courses y a quelques minutes (je vous fais ça en quasi direct, notez bien), avec en tête tous les conseils proposés ici. Comme de bien entendu, je n'en ai appliqué aucun. Cela dit, même si je n'ai rien dit ou fait de spécial, j'ai fait de mon mieux pour ne pas (trop) éviter son regard et pour articuler mes mots. De ce point de vue-là, c'est mission super succès, c'est la première fois que j'ai l'air normal face à elle. Un petit pas pour l'orthophonie, un grand pas pour Gordon.
Reste demain matin, je vais tenter un "comment est-ce vous allez vous en plus il fait beau dites donc alors qu'on est en novembre". J'ai vu toutes les météos d'Evelyne Dhéliat depuis 1985, impossible d'être pris au dépourvu.
En fait, limite faudrait que je fasse le ninja psychopathe en planque pour déterminer si elle sort faire une pause à un moment, ou l'heure où elle termine. Sans l'impression de la déranger au boulot, et sans le regard des clients, je me dis que ça serait peut-être plus facile.

- Bravo, tu vas y arriver ! :) Allez, demain tu lui demandes de te faire de la monnaie et tu places ta phrase pendant qu'elle cherche les pièces.
  par Guiom

- On va monter un fan-club de Monsieur Gordon et on va tous se pointer à la sortie du Shopi !!
  J'amène les banderoles et les sifflets !!
  Allez, courage !!
  par Désespérement

- **Commentaire de Monsieur Gordon** (au 7e jour) :

Bon, c'est pas pour aujourd'hui, le coup d'éclat. Mais petit à petit, l'oiseau fait son nid : plutôt que de partir sur un mot inventé qui ressemble à "au revoir" avec un accent indéterminé, j'ai sorti un "bonne fin de journée" dans un français totalement compréhensible.

Évidemment, y a pas vraiment de quoi être fier d'être capable de parler une langue qu'on connaît quasiment depuis sa naissance. Mais je suis content de (beaucoup) moins perdre mes moyens face à elle. Je dis pas que ça va tout changer, mais un mot par-ci, une phrase par-là… Un jour j'arriverai à lui faire passer le message que je cherche à exprimer depuis des semaines. Je croise juste les doigts pour que ça arrive avant qu'elle me prenne pour un psychopathe.

- Elle ne travaille que le week-end, cette demoiselle ?
  par Dégun13

• Commentaire de Monsieur Gordon (au 7e jour) :

Eh oui, elle ne semble travailler que le ouikène… Je passe devant en semaine, je jette des coups d'œil furtifs et calculés façon Discret-Man en civil, et pas l'ombre de sa chevelure châtaine virevoltant au détour d'une caisse enregistreuse ou d'un rayon fruits et légumes.

- Quand vous vous marierez (parce qu'il est évident pour tous que le happy end est à venir !), tu vas devoir nous envoyer à tous un faire-part (et cela ne se fait pas par mail, selon les usages !!) et nous inviter au moins au vin d'honneur… !
  par Grimgrim

• Commentaire de Monsieur Gordon (au 8e jour) :

Ne plaçons pas la charrue avant Frank Lebœuf. Si ça se trouve, elle est casée avec un rugbyman samoan qui fait du karaté et des fléchettes, et qui se ferait un malin plaisir à me tataner ma gueule en en faisant profiter ses potes (même gabarit, mêmes sports).
Mais elle est si jolie… :'(Bon, tant pis, on verra bien si j'ai retenu les leçons de self-defence apprises grâce à *Matrix* et à Jet Li.

- Nous enquêterons dans les hôpitaux de la région s'il n'y a plus de post huit jours de suite.
  par Grimgrim

- **Commentaire de Monsieur Gordon** **(au 8e jour) :**

Merci pour le back up, je vais glisser une petite carte "VDM.fr" à côté de celle du don d'organes dans mon portefeuille, au cas où. Si un membre de la police scientifique s'inscrit, c'est qu'il n'a pas pu m'identifier avec ce qu'il me restait de dents.

- Ah là là ! c'est demain ! Allez, tous ensemble, des pensées positives ! J'attends ton flash avec impatience...
  par lulugrenadine

- **Commentaire de Monsieur Gordon** **(au 13e jour) :**

Il est possible que ce soit le dernier jour de ma vie. *The last day of my life, el último día de mi vida* (une pensée pour les gens lisant VDM depuis l'étranger, et pour ceux qui veulent rentabiliser leur deuxième langue apprise au collège). Si ça se trouve, demain, je meurs d'un décès létal sur le trottoir d'une avenue lyonnaise ou, pire, dans le Shopi susmentionné précédemment dans le préambule.

Alors...

Après quinze minutes de tours et de détours à l'intérieur (et la fameuse peur de mourir d'une crise cardiaque avec un paquet de Pim's à la main, je veux pas claquer comme ça, moi – du coup, j'ai opté pour du jus de pomme, ça fait mec qu'a une vie saine et tout, genre bien dans ma tête bien dans mon corps, cinq fruits et légumes par jour, j'aime la nature et regarder les étoiles les soirs d'été), je me suis lancé. J'avais dans l'idée une approche météorologique du type "Ah là là mais fait frisquet et en plus c'est fini l'été dites donc", ou taper directement dans l'humour claquant à la limite de l'impertinence mais avec un message de fond : "Quelle coïncidence que vous soyez toujours à la caisse à laquelle je passe, tu m'suis ou quoi, madame ?" Évidemment, rien de tout ça, vous me connaissez trop bien, les enfants.

Ayant prévu un plan de secours, parce que moi aussi je me connais (depuis ma naissance, en fait, c'est pour vous dire combien je me connais super bien), je lui ai sorti mon Post-it sur lequel était inscrit l'url d'ici, en lui disant que je m'exprimais bien mieux à l'écrit qu'à l'oral... C'était certes très cryptique, presque davincicodesque, mais ça m'a semblé intelligiblement déclamé.
Ainsi donc, il est possible que Shopinette (dans l'attente de lui trouver un nom plus adéquat) vienne vous lire. :D Je compte donc sur vous pour éviter de me faire passer pour un psychopathe désespéré et pitoyable. Merci d'avance.
Comme dit précédemment, je peux perdre la vie demain. Par la violence ou la honte publique, ça reste encore à déterminer. Je commencerai presque à me dire que je ne sais pas si j'y retourne demain, faire mes habituelles courses inutiles...

- Félicitations, tu as établi un premier contact !! Et en lui disant une phrase entière en plus !
  par Maxauto

• Commentaire de Monsieur Gordon (au 14e jour) :

Je ne suis pas mort ! \o/
Mais bon, j'ai seulement le droit à un sursis, c'est juste parce qu'elle ne pourra regarder que cet après-midi. Une semaine à me mordre les doigts. Une semaine à vous accuser d'avoir fait un monstre psychopathe du charmant jeune homme que je fus avant de vous connaître (comme de bien entendu, si son retour est plus positif qu'assassin, j'oublierai cette idée, mes amis d'Internet). Je vais tenter de profiter de la vie, jouer avec les chatons dans les animaleries, me nourrir exclusivement de muesli, sentir le parfum des fleurs en plastique chez Ikea... Bref, profiter. Avant la fin.
Vous allez bien être patient pendant encore une semaine, hein ?

• Commentaire de Monsieur Gordon (au 15e jour) :

J + 2 après que Madamoiselle Shopinette m'a dit qu'elle lirait nos formidables aventures. Et force est de constater qu'elle n'a pas réagi ici-bas.

Peut-être qu'elle souhaite faire ça comme une personne normale (c'est-à-dire pas comme moi) et attend le face-à-face. Peut-être qu'elle est trop timide. Peut-être qu'elle passe son temps à huiler la Winchester cachée sous la caisse qu'elle ressortira (la Winchester, pas la caisse) façon western dès que mon pied foulera le sol du supermarché. Peut-être est-ce juste un problème technique à l'inscription. Peut-être qu'elle a oublié qui j'étais. Peut-être qu'elle prépare des seaux de sang de cochon comme dans *Carrie* pour me les balancer à la figure en public. Peut-être que Brad Pitt a sonné à sa porte pour lui demander l'adresse de la station-service la plus proche et a fini par quitter Angelina. Peut-être qu'elle se dit que je ne communique que par Post-it et est partie acheter un bloc. Peut-être qu'elle attend que je me coupe mes cheveux longs de hippy. Peut-être qu'elle n'aime pas être appelée Shopinette, et je la comprends. Peut-être qu'on lui fait peur (mais ça reste bien innocent, tout ça, c'est au pire de la maladresse). Peut-être qu'elle élabore un plan de vengeance complexe qui nécessite toute son attention et qui implique une enquête policière à rebondissements multiples dignes des meilleures parties de *Cluedo*. Peut-être qu'elle attend que j'oublie un Tupperware à sa caisse (les blagues intersujets, c'est pas bien). Peut-être qu'elle attend que je parle comme j'écris. Peut-être que son copain (le rugbyman samoan, vous vous souvenez ?) est en train d'appeler ses potes. Peut-être qu'elle est allergique aux cotillons et autres confettis multicolores tombant du ciel comme une pluie de printemps (les gars/filles, vous aviez dit que vous prépariez ça, va falloir assumer maintenant). Peut-être simplement qu'elle a mieux à faire.
Bref, je ne suis pas fixé si faut que j'aille faire des courses samedi.

- Alors, t'es allé voir Shopinette ??
  par MademoizelleX

- Ouais, on veut des news, nous !
  par Titeflo

- Et donc... ?
  par Titeflo

- **Commentaire de Monsieur Gordon** (au 20e jour) :

Disons que j'ai le droit de passer à la deuxième épreuve de mon *Fear Factor*. C'est pas la finale, faut que je reste concentré, mais au moins je ne suis pas éliminé. Elle a proposé qu'on aille boire un verre, je la revois demain pour qu'on arrange nos agendas overbookés. :p

  - C'est pas tout mais c'est quand qu'il est prévu ce RDV ???
    par Désespérément

- **Commentaire de Monsieur Gordon** (au 26e jour) :

Bon, je suppose qu'il faut que je m'attèle à un résumé. Évidemment, je vous passerai la plupart des détails. :o
Donc, on a été boire un verre, discuter un peu… J'ai plutôt réussi à paraître moins timide que d'habitude (dans la limite de mon possible, quoi) et l'ai regardée droit dans ses si jolis yeux la plupart du temps. Ça s'est bien passé. De toute façon, toute discussion où on parle de Alf (oui, l'extraterrestre poilu) est une discussion réussie. Elle est intelligente, a beaucoup d'humour, de bons goûts (normal, ce sont les mêmes que les miens :o) dans tous les domaines abordés… En plus d'être très craquante, mais ça je le savais déjà. Bref, une fille géniale, bien plus que je n'avais osé l'imaginer ; jusque dans certains détails, disons, troublants. Évidemment, j'ai été incapable de le lui faire comprendre (tant pis, elle le saura ici – ou quelqu'un le lui dira).
Je sais pas ce qu'elle a pensé de moi ou de cette rencontre, ça n'a pas eu l'air de lui déplaire en tout cas ; reste à espérer qu'il y ait une suite, peu importe la teneur. Même si je me dis que si on se revoit, et si chaque fois elle se révèle encore mieux que je ne le pense, on va vite atteindre les limites de l'entendement humain. Comme une supernova. Reste qu'elle a mon numéro et que je croise les doigts pour qu'elle en fasse usage.
Merci à vous tous pour le soutien, en tout cas. Même si vous pouvez ranger vos cotillons et autres confettis amoureusement confectionnés, je dois bien admettre que, tout seul, j'aurais probablement fait l'erreur de ne pas oser et du coup de passer à côté d'elle.

ÉPILOGUE

L'histoire se finira comme dans la vraie vie, ni toute rose, ni complètement noire, par quelques dernières lignes empreintes de nostalgie.

- **Commentaire de Monsieur Gordon (quelques mois plus tard) :**

J'ai recroisé Shopinette (qui n'est techniquement plus employée de Shopi, d'autant plus que le Shopi est depuis devenu un Carrefour Market) ! Évidemment, je revenais de sortir mon chien, en courant, passablement pas hyper présentable. Et c'est soit ce dernier point, soit le fait qu'on se soit pas parlé depuis quatre ans, mais j'ai pas osé aller vers elle. Je n'exclus pas non plus la possibilité que je sois complètement con. En tout cas, je ne crois pas qu'elle m'ait vu/reconnu.

  - ... Et elle est toujours aussi jolie.
    par Monsieur Gordon

BONUS 2
LES VDM IMPUBLIABLES

Ce sont les anecdotes les plus improbables que nous ayons reçues sur VDM. Elles sont pour la plupart extravagantes, biscornues, délirantes... impubliables, quoi. Mais comme ce sont des perles du grand n'importe quoi et qu'on se doit de les lire, comme toutes les VDM soumises, nous en publions certaines sur un site un peu underground : Jevalide.com, comme pour les évacuer de notre cerveau. Une sorte de psychothérapie par la chasse d'eau. À lire à vos risques et périls.

voila sa fait 1ans que je cherche du taf et a chaque foie on me dit merde car j ai pas le permis !!!! mais pas de permis pas de taf et vis vers sa !!! en ce moment on arrive a une futur dictature attention !!!!!

J'ai arrete de fumé ya 3j. j enterpren gd menage, une fois fini: une bouteille de cidre pleine tombe par terre, j'essai de garder mon calme je serpille et là mon seau plein se renverse par terre. y en a partou et j'ai pa une seul clope, car j'avai prevu qu'en ca de pb falai pa que je saute dessu VDM

ma soeur amene son copain pour me le présenter et le temps de lui dire bonjour, j'ai peté très très fort

Jme sui endormii avec mon namoureux quand jme suii reveille c pr realise ke javaii criié le prenom de mon meilleur ami (son cousin) au lieu du sien pendant mon sommeil !!!

Je me fais chier cet après midi, je vais aller acheter du terreau et des geraniums pour mettre sur le balcon

je suis surveillant pour examen du bruit dehors je vais dessendre les marche pour fermer la porte quand je fait demie tour et la 2 eleves c'echanger leur copies dure dure allé aurevoir

ma fille etait bien enervé alors por la calméje lui est jeté un verre dos froide mais ele a vu le coup arriver et c'est mis contre moi donc j'ai tout reçus sur moi

aujourdui e me leve et devinez quoi ? le tombe hihi

ok !!! VDM c koi ? 1 truc cool ? ou encore un serveur de merde !! ki te cloisonne ken tu parle ?? ne sui pa 1 délinkante ! juste 1 femme ki s'exprime! dsl si ca dérange !!! 'pi si ce ke je vous explike doit être censuré !!!! «ca devient grave !!

Ojourdui, j'sui alait o supermarchait. jé achetais katr poaro é de tomat. Ariver a la kèsse j'me sui randu conte que yan avé troa kété pu la. VDM

Je vois mon chiot qui commence a faire une drole de tete, je le prends contre moi et là il a vomit dans mon décolleté (pour info il av ait mangé son caca juste avant!!!) PAS MALLLL PTDRRRRR

anjourd'hui j ai aiter o sport panden le sport mon calson c dechirer juste entre les jambe la honte.VDM

J'ai Economiser pendant 5 ans pour m'acheter un PC... 880 EURO en tout. Arriver au Magazin (j'ai du faire 1220km) Je me suis rendu compte que le PC ne coutait pas 880 euros mais... 1500 !!! o_O

aujoud'hui-ma-salopperie-de-clavier-n-a-plus-de-barre-espace-ni-de-shift___j-ai-un-courrier-a-envoyer-a-la-prefecture___je-sent-que-ca-va-etre-drole___vdm avec mon copain on allé cher c parent ki avé louer une maison au bord de la mer. on va se coucher on fait lamour. le lendemain matin ca mere nous di bonjour et di a mon copain il fodrai ke tu décalle le lit du mur car kan vou féte lamour on entend le lit cogné.

Aujourd'hhui, je montre mes nouvelle mèche a mes amies, Tout le monde me dit que sa me va super bien, Sauf mon copainet ma meilleure amis. C'était leur manière de me dire qu'ils sortaient ensemble!!!!!!!!!!!! mon copain navai mm po casser

bjr aujourd'hui j avais un eniene entretien d'embauche aprés quelques échanges mon intercoluteurme dit vous ne me semblez pas à la hauteur malheur... je me suis levé et je suis monté sur la chaise et maintenant lui ai-je dis...qvm

Hier, comme tous les jours jvé O lycée!!& la pluie tombé a grde corde! moi j'avais mis D ptite sandales(non ms quel idée pfff...) en montant les escaliers pr allé en cours, BOUM jme retrouv par terre!p'tain la honte c'été bondé 2 monde, en plus yavé celui ke jm!!!! VDM

Aujaurdhui Je me Fais Larguè Par Ma Meilleur Amie & Mon Meilleur Ami ((Qui Sortent Ensembles)) Me Disant ((On a Plus Envie Davoir A Faire A Toi, Et On Va Plus Te Parlè)) Une Semaine Avant Mon Anniv :s:s :'(

ceii trop de la merde la viit pouhaa vDm Sa Menerve Les Chaussure Qui VOn Malle Au Piied

Hier je jouais peinard à un jeu vidéo avec mon nouveau beau-père et le ridiculise littéralement. Je lui dit «Tu es vraiment nul c'est incroyable» et il me répond «Peut-être mais je me tape ta mère!» VDM

Fifififdpudufifpufufupfupfpududpuee

j'ai fait une galipette avant mais je n'avais pas réfléchit résultat je me suis pris la commode

je travail a center parcs........VDM

bonjour aujourd'hui pendantque je lise vdm ma femme ete en rage car gt entrain de lire

aujourd huit je me suis leve avec une rage de dent et apcets et je me fait chier au boulot vdm

Ajrd8 g telecharG transformers2 o taff, le débi è meileur, com pour abitud je vérif si l'film è d1 bne kalitT VLC souvr é par surprise C T 1 film porno il on chagé l'titre lè con le comptabl pass o momen mè c koi sa ma femme! aparamen el ven d biscui kan lui il travail lol! jémerè bien voir c biscui

Aujourd'hui je suis stagiaire chez leroy merlin, j'ai monté une montagne de clou, et là pouf y'a un gars qui rentre dedans avec son chariot...C'est vraiment nul comme VDM !

ojourdhui javé rdv avc une amie pour un petit rdv sympa juste avant je mété taché avc un yaoirt juste a coté de la braguette sa été difficile de lui fair comprendre que se nété que du yaourt

Mauvaise manip... je viens d'effacer tout le message... MERDE. VDM

alors ke je descendais trankilement les escalier du licé ac une amie, un silence troublait le kouloir, je decide de me mettre a chanter "je taime" de celine dion ! le kouloir était censer etre vide, je me retourne, ki apercoi-je ??? le plu bo du licé!!!

aujourdui jai avoué a mon pere que jaitais gai pi yétais tellement frus qui ma dit va temp osti dtapette pi apres i ma demander de le mettre dans le cul

Ojd, g vu qq ds l ru ac 1 ch1 mé en ft ct 1 cha als l mc a vlu m taP. VDM

apre avoir pris 10 ou 12 vert dans un party chez une fille que je trouve trod top j entre dans sa champre a couché pour sentir c est petite culotte une minute plus tard elle rouve la porte et me dit que fais tu dans la chambre a ma mere

J ai rencontrer une fille jolie mais qui s appelle Coumba

j'etait dans conquete 2.0 quand j'etait full super +5 Burn m'a tué j'ai alors gaché plus de 1000 euros pour rien dans un jeu trop deg..

JE SUIS COMPTABLE MES AMIS SON COMPTABLESJE RIS DES BLAGUES DE COMPTABLESBREF JE VIS COMPTABLE

LA TOTALE DES REMERCIEMENTS

Alan Holding, Mélanie Avril, Rachel Deturk,
Savannah Leigh, Kelvin West, Raquel Rosell,
Joffrey Lacour, Marie Jérôme, Jessica Bran,
Deirdre Devlin, Sophie Charnavel, Virginie Fuertes,
Elsa Lafon, Annabelle Verdier, Moïse Kissous,
Laura Cherfi, Frans Von Schoor, Rémi Sello,
Morgan Prêleur, Anne-Julie Tafuro, Antoine Descazals,
Romain Cuif, Xavier Michel, Antoine Descamps,
Daphné Bürki, Vincent Cormier, Marie Levesque,
Antoine Ferrier-Battner, Emmanuel Lepage,
Vincent Fontaine, Antony Araujo, Anthony Catel,
Nicolas Trani, Vincent Borrel, Alexandre Larribeau,
Mathieu Godon, Mathieu Martin, William Paumier,
Antoine Reveillon, Jean-Marc Dumontet,
Adriana Santini, Gilles Dyrek, Thomas Kouck,
Thomas Pawlowski, Fabienne Aberer, Nathalie Penedo
et tous les artistes de la VDM illustrée

TABLE DES MATIÈRES

PAGE DE CRÉDITS DES ILLUSTRATIONS

1. La naissance
Bouss
http://bouss.over-blog.com/

2. La petite enfance
Nathalie Jomard
http://grumeautique.blogspot.com

3. De l'école au lycée
Romain Ronzeau
http://commedesguilis.com

4 . Le bac
Théo Calméjane
http://theocalmejane.blogspot.be

5. L'université
Allan Barte
http://www.allanbarte.com

6. Premiers amours
Paka
http://paka-blog.com

7. Le mariage/le couple
Lilla
http://lillablog.over-blog.com

8. Les parents
Gorobei
http://graine-de-goro.blogspot.com

9. Le travail
Tomz
http://excusemeteacher.canalblog.com

10. Le licenciement
Alice Des
http://www.alicedes.com

11. Le divorce
Le Cil Vert
http://www.lecilvert.com

12. La retraite et les grands-parents
Mr Choubi
http://mrchoubi.canalblog.com

13. La mort
Missbean
http://www.leszillusdemissbean.com

Déjà parus

Vie de merde, Privé, octobre 2008

VDM illustrée, Privé, octobre 2009

VDM les inédits du monde entier, Privé, novembre 2010

conception
réalisation
mise en page
pca
44405 Rezé cedex

Imprimé en Espagne
Dépôt légal : octobre 2013
ISBN : 978-2-3507-6129-9